COLECCIÓN TIERRA FIRME

EDUARDO CHIRINOS
La morada del silencio

EDUARDO CHIRINOS

La morada del silencio

Una reflexión sobre el silencio
en la poesía a partir de las obras de Emilio Adolfo Westphalen,
Gonzalo Rojas, Olga Orozco, Javier Sologuren,
Jorge Eduardo Eielson y Alejandra Pizarnik

FONDO DE CULTURA ECONÓMICA
MÉXICO - ARGENTINA - BRASIL- COLOMBIA
CHILE - ESPAÑA - ESTADOS UNIDOS DE AMÉRICA
GUATEMALA - PERÚ - VENEZUELA

Primera edición, Lima 1998
I.S.B.N. 9972-663-17-5

Diagramación: Marilú Alvarado Vargas

AGRADECIMIENTOS Y DEDICATORIA

*E*STE TRABAJO, que compromete preocupaciones vinculadas con el ejercicio de la lectura y escritura de poesía que vienen de años atrás, tuvo su origen en la tesis doctoral que contó con la asesoría de Carlos Raúl Narváez, quien con inteligencia, respeto y contagiante entusiasmo, siguió paso a paso su desarrollo, convirtiéndose en un invalorable lector y excelente amigo. Quiero señalar, asimismo, mi deuda con Margaret Persin, única en el arte de hacer de la teoría una herramienta sensible de interpretación literaria; Susana Rotker, privilegiada lectora, siempre atenta y perspicaz en sus comentarios, siempre lúcida y puntual en sus observaciones; Gwen Kirkpatrick, de la Universidad de Berkeley, quien dispuso con extraordinaria generosidad un tiempo de su ocupada agenda para leer rigurosamente el manuscrito y ofrecer valiosas sugerencias; Jorge Marcone, viejo compañero de estudios, estimulante y siempre dispuesto interlocutor; y, muy especialmente, con todos los profesores y compañeros del Departamento de Español y Portugués de la Universidad de Rutgers, quienes a lo largo de estos años han sido una invalorable fuente de amistad y estímulo intelectual. A ellos todo mi agradecimiento y gratitud.

Deseo también señalar mi deuda con la Louis Bevier Graduate Fellowship de la Universidad de Rutgers (1996-1997) y la Graduate School Dean's Office de Rutgers-New Brunswick por el apoyo financiero otorgado para la investigación y redacción de este trabajo; y con Carlo Silva Rivera, del Fondo del Cultura

Económica en el Perú, quien acogió con extraordinaria diligencia y entusiasmo el manuscrito e hizo posible su publicación.

Quiero agradecer finalmente a Jannine Montauban, cuyo apoyo fue siempre acompañado de un cariño que no excluyó nunca la crítica celosa y vigilante. A ella, en silencio, le dedico este trabajo.

...una obra literaria es, para quien
sabe penetrar en ella, una rica
morada de silencio, una defensa
firme y una muralla alta contra esa
inmensidad hablante que se dirige a
nosotros apartándonos de nosotros.

MAURICE BLANCHOT, *El libro que vendrá*

Después antes o siempre la obra nos
perturba
la obra o la morada
donde nos figuramos
nos enmascaramos y vestimos
para que luego nos desnuden

JAVIER SOLOGUREN, *"La Hora"*

ÍNDICE

I

INTRODUCCIÓN

"LAS PALABRAS QUE VIENEN DEL SILENCIO"   15
I. Silencios del autor, silencios del texto, silencios
    del lector   28
    – La perspectiva del autor   33
    – La perspectiva del lector   39
    – La perspectiva del texto   46
II. Dos versiones actuales (y opuestas) del
    "mundanal ruido"   52

II

"EL CONFUSO PARLOTEO DE BOCAS INVISIBLES":
EL SILENCIO Y EL ACTO DE CREACIÓN POÉTICA   61
I.   El poema: fracaso y consagración del lenguaje   62
II.   Las Musas desplazadas   67
III. Rumor del silencio y caza de la palabra   77
IV.   El peso de la tradición   88
V.   Intertextualidad y silencio. Presuposiciones
      lógicas y pragmáticas   100
VI.   Elegía, intertextualidad y autorrepresentación   110
VII. Ausencia de título o el poema sin nombre   116

11

III

"BLANCO Y NEGRO QUE NO CESA":
ESCUCHAR EL SILENCIO, VER EL SILENCIO   131
I.   Las posibilidades del canto: ritmo oral vs.
     ritmo gráfico   132
II. Encabalgamiento léxico y ritmo esfinteriano   148
III. El balbuceo o los silencios entrecortados   155
IV. La "sumarización" como silencio   168

IV

"LA NIEVE MANCHADA QUE SOLLOZA":
SILENCIO, MUTILACIÓN Y REPRESIÓN   181
I.   Mutilacion y represión   182
II. Poemas autofágicos   198
III. Mutilación, cuerpo y silencio   205
IV. En busca de la (imposible) destrucción del
     silencio   215

CONCLUSIONES   229
BIBLIOGRAFÍA   237
ÍNDICE DE AUTORES   251

I

I

INTRODUCCIÓN

"LAS PALABRAS QUE VIENEN DEL SILENCIO"

Volvamos al silencio
Al silencio de las palabras que vienen del silencio

VICENTE HUIDOBRO

EN EL CANTAR TERCERO del *Poema de Mio Cid*, semanas antes del duelo que enfrentara a los infantes de Carrión con los caballeros de Rodrigo Díaz, Pedro Bermúdez desautoriza los argumentos del conde don Fernando y lo reduce al silencio con estas palabras: "Lengua sin manos, ¿cuémo osas fablar?" (289). Para el silencioso Pedro Bermúdez, y en general para los guerreros de las huestes del Cid, el "fablar" debía estar socialmente respaldado por el "fazer"; de ese modo, la economía del discurso quedaba regulada por una ética de la acción que debía ser reconocida incluso por los enemigos. Un "lengua sin manos" era un cobarde cuya ausencia de acciones lo desmerecía del privilegio del habla: un condenado al silencio. Siglos más tarde (exactamente en 1741), don Antonio Fernández de Acevedo publicó un extenso poema de Calderón de la Barca titulado *Discurso métrico-ascético sobre la inscripción PSALLE ET SILE, que está grabada en la verja del coro de la Santa Iglesia de Toledo*. Cada una de las estrofas que componen este *Discurso...* elogia al silencio vinculado ya no con la acción heroica, sino con la contemplación y la sabiduría. Transcribo dos de ellas:

15

Es el silencio un reservado archivo
Donde la discreción tiene su asiento;
Moderación del ánimo, que altivo
Se arrastrará sin él del pensamiento;
Mañoso ardid del ménos discursivo
Y del más discursivo entendimiento;
Pues á nadie pesó de haber callado,
Y a muchos les pesó de haber hablado.
. . . .
Y si de hablar y de callar le dieron
Tiempo al que más la perfección codicia,
Fué porque al corazón árbitro hicieron
De su sinceridad ó su malicia;
No porque del silencio no creyeron
Ser el culto mayor de la justicia;
Pues si á Dios en sus obras reverencio,
El idioma de Dios es el silencio . . . . (732)

La airada exigencia de Pedro Bermúdez se convierte, en
la pluma barroca de Calderón, en la recomendación de callar
incluso para aquéllos cuyas lenguas tuvieran manos. La
transformación valorativa del silencio no se explica únicamente por el tránsito de una sociedad guerrera a una
sociedad cortesana; la vigencia de locuciones populares como
"del dicho al hecho hay mucho trecho" o "callar y obrar,
por la tierra y por el mar" encuentran su genealogía en el
reproche de Pedro Bermúdez y expresan la convicción
—cuestionada por J. L. Austin en su teoría de los actos de
habla— de que "fablar" y "fazer" pertenecen a órdenes más
bien distintos y diferenciados. Por otro lado, refranes como
"el silencio vale más que mil palabras" o "en boca cerrada
no entran moscas" establecen su lejano parentesco con las
octavas de Calderón y no ocultan su naturaleza pedagógica,
incluso correctiva.[1]

1. En el *Tesoro de la lengua castellana o española* publicado en 1611,
Sebastián de Covarrubias se ocupa muy brevemente del verbo "callar", pero se

La popularidad y la convivencia social de estos refranes es un índice valioso aunque simplificado de la diversidad de actitudes frente al silencio. A pesar del ilusorio consenso de los diccionarios, cualquiera sabe que no es lo mismo el silencio elegido voluntariamente que el silencio de quien es obligado a callar; y que tampoco es lo mismo el silencio de quien sabe y decide callar que el silencio de quien calla porque no sabe qué decir. El uso de la palabra también puede ser juzgado con criterios variables: el desprecio social hacia la charlatanería tiene su contraparte en el temor al silencio que los verdugos intentan conjurar en las cámaras de tortura. La comprobación de que la ausencia de palabras no significa necesariamente la ausencia de posibilidades comunicativas, y que el discurso suele arreglárselas para trasmitir una compleja red de mensajes a partir de dichas ausencias, convierte al silencio en uno de los más ricos y a la vez peligrosos signos de la cultura. Desde el silencio del amor adolescente y el silencio iluminado de los místicos, hasta el silencio de muerte que reina en los campos de concentración, la experiencia humana se ha visto comprometida en una compleja e interminable dialéctica de callar y hablar cuyos presupuestos implican actos de poder capaces de actuar dentro de nosotros mismos.

detiene en largas recomendaciones salpicadas de refranes y anécdotas destinadas a valorar el poder social del silencio. En un párrafo que parece justificar la frase de Pedro Bermúdez y anunciar los versos de Calderón, dice: "El poeta Homero, a los que él quería celebrar por sapientísimos, les daba el epíteto de callados, o *paucilocos*. A Tersites, que era hombre de placer le llamaba el hablador. Tales hombres no hacían sino charlar; y así se llaman charlatanes. Entre los étnicos dijo antiguamente uno, que del hablar tenemos por maestros a los hombres, pero del callar a los dioses. Él es don de Dios, y muy grande, pues de mucho hablar se sigue mucho errar, y de callar no se puede seguir ningún inconveniente, si tan solamente se habla cuando conviene y cómo, dónde, y a quién conviene" (1995, 239).

La importancia que el silencio ha alcanzado en las distintas esferas de la reflexión cultural se manifiesta en el interés por abordarlo y definirlo de acuerdo con sus propias categorías conceptuales y metodológicas. Desde la filosofía del lenguaje (Wittgenstein, Russell) y el psicoanálisis (Freud, Lacan, Kristeva), hasta el feminismo (Irigaray, Cixous) y la literatura (Blanchot, Paz), pasando por las reflexiones multidisciplinarias de Michel Foucault, Roland Barthes, George Steiner y Ramón Xirau, el silencio ha generado un abundante material de reflexión cuya riqueza demanda aproximaciones plurales. El presente trabajo parte de la convicción de que la poesía, tal vez por no ser en sentido estricto una "disciplina", ha sido desde siempre un espacio privilegiado para poner en escena las discusiones sobre el nunca agotado tema del silencio. Su título alude precisamente a esta cualidad: hecho de palabras, el poema no sólo alberga y da sentido al silencio, sino que permite, además, sus múltiples posibilidades de representación dramática.

El marco elegido para presentar estas discusiones es la poesía hispanoamericana del siglo XX, especialmente las obras de Emilio Adolfo Westphalen, Gonzalo Rojas, Olga Orozco, Javier Sologuren, Jorge Eduardo Eielson y Alejandra Pizarnik. La elección de estos poetas[2] no sólo obedece a inexcusables razones de cercanía, gusto personal y representatividad, sino, también, al hecho de que sus obras ofrecen

---

2. El uso constante de categorías como "poeta", "autor", "lector", "hablante" e "interlocutor" obligan a una aclaración previa: si bien el género masculino se aplicará a los poetas varones y el femenino a las poetas mujeres, esto no quiere decir que el uso de dichas categorías suponga una exclusión genérica. Si no he recurrido a soluciones del tipo "el-la poeta" o "el lector-la lectora" (que, bien mirado, establecen una sutil jerarquía ordinal) ha sido únicamente por no extremar un celo que ve en el lenguaje la manifestación más visible del sexismo.

un muestrario a la vez complementario y diverso de las distintas maneras en las que el silencio se expresa en la poesía hispanoamericana posterior a la vanguardia.[3] Debo advertir que esta selección no es de ninguna manera exclusiva y que se acudirá a poemas de otros autores a condición de que sean pertinentes en el proceso de la argumentación. Proponer una reflexión y una lectura de las diversas maneras en las que el silencio se hace presente en la poesía hispanoamericana contemporánea invita a reconocer que estas obras dependen en gran medida de la manera en que se inscriben en una tradición (no olvidemos que el silencio tiene también una "tradición"), pero que también se encuentran marcadas a fuego por la actitud de los poetas frente a la pertinencia o no de callar. Es importante subrayar, sin embargo, que la diversidad de sus opciones —que van desde el abandono de la literatura hasta el suicidio— sólo puede ser evaluada y juzgada a partir de la lectura de sus obras. Hasta un silencio tan ejemplar como el de Rimbaud adquiere magnitud en sus poemas, muchos de los cuales prefiguran y hasta corroboran la opción por el silencio que se convierte, como lo reconoce Hugo Friedrich, en "un acto de su propia existencia poética" (124).

La obra de Emilio Adolfo Westphalen (Perú, 1911), poeta que forma parte de la llamada "Generación del 30" al lado

3. Verani (1990) y Grünfeld (1995) coinciden en ubicar los límites cronológicos de la vanguardia latinoamericana entre 1916 y 1935. Schwartz (1991) propone 1914 (lectura del manifiesto *Non Serviam* de Vicente Huidobro) y 1922 (publicación de *Trilce* de César Vallejo, del nacimiento de *Proa* en Buenos Aires, del estridentismo en México y de la Semana de Arte Moderno de São Paulo) como años iniciales del ciclo vanguardista que culminaría en 1938 (publicación de *La tortuga ecuestre* de César Moro y del encuentro de Rivera, Breton y Trotsky en México). Del corpus de autores estudiados en este trabajo, Westphalen es el único cuya obra inicial se inscribe en este periodo: *Las ínsulas extrañas y Abolición de la muerte* fueron publicados en 1933 y 1935 respectivamente. El resto de su obra, sin embargo, es posterior a 1978 (ver nota 4).

de César Moro, Carlos Oquendo de Amat, Xavier Abril y
Martín Adán, puede definirse como una lucha titánica por
extraer el agua de la poesía de la piedra del silencio.[4] Los
cuarenta y cinco años que median entre sus cuadernos de
1933 y 1935 (que apenas suman dieciocho poemas) y la
aparición de *Otra imagen deleznable* en 1980 se corresponden
con el apartamiento de los poetas videntes que, de acuerdo
con la evocación de Walter Muschg, llegaban solitarios del
vasto desierto para luego regresar a él (605). Sólo que en
el caso de Westphalen, la conciencia de los límites del lenguaje es en sí misma una estética: *Belleza de una espada
clavada en la lengua*, título que reúne su obra completa hasta
1986, revela su actitud frente al silencio que eligió cuando
tenía apenas veinticinco años y que estará muy presente en
las colecciones publicadas en Lisboa y México entre 1982 y
1988.[5]

Iniciado fugazmente en las canteras de La Mandrágora,
grupo surrealista que lideraran Braulio Arenas y Teófilo Cid
entre 1938 y 1941, el poeta Gonzalo Rojas (Chile, 1917)

4. Emilio Adolfo Westphalen ha publicado los siguientes libros de poesía:
Las ínsulas extrañas (Lima: Compañía de Impresiones y Publicidad, 1933), *Abolición de la muerte* (Lima: Ediciones Perú Actual, 1935), *Otra imagen deleznable*
(México: Fondo de Cultura Económica, 1980), *Arriba bajo el cielo* (Lisboa: Edición
del autor, 1982), *Máximas y mínimas de sapiencia pedestre* (Lisboa: Edición del
autor, 1982), *Nueva serie de escritos* (Lisboa: Edición del autor, 1984), *Belleza de
una espada clavada en la lengua* (Lima: Ediciones Rikchay Perú, 1986), *Ha vuelto
la diosa ambarina* (Tijuana: Edición del autor, 1988; Lima: Jaime Campodónico,
1988), *Bajo zarpas de la quimera. Poemas 1930-1988* (Madrid: Alianza Editorial,
1991). Las citas de los poemas de Westphalen se toman de *Bajo zarpas de la
quimera* indicando sólo el número de página. En caso contrario se consignará
el año del libro citado.
5. En su semblanza personal "Poetas en la Lima de los años treinta" (1974)
Westphalen confiesa su apartamiento de la poesía en los siguientes términos:
"Terminaron así para mí los años treinta e igualmente mis actividades relacio-
nadas directamente con el ejercicio continuo de la poesía. Durante largos años
no escribí un sólo poema. Sólo esporádicamente me ha venido luego uno que
otro" (1980, 118-119).

publicó su primer libro, *La miseria del hombre*, a los treintaiún años de edad. Dieciséis años más tarde apareció *Contra la muerte* y esperó trece años más para la publicación de *Oscuro*. Recién desde finales de los años setenta Rojas está viviendo una suerte de reverdecimiento o "reniñez" poética que contrasta con la extrema parquedad de su juventud.[6] La alternancia entre largos períodos de silencio y la locuacidad expresiva (que tiene su correlato en la alternancia entre poemas breves que lindan con el epigrama y poemas torrenciales donde se deja escuchar el eco de Neruda) reproduce, como señala Guillermo Sucre, "una continua dialéctica entre la expansión y el ascetismo o la concentración del lenguaje" (249).[7]

Perteneciente a la denominada "Generación del cuarenta" la poeta y narradora Olga Orozco (Argentina, 1920) tiene ante el silencio una actitud distinta a la de los autores reunidos en este corpus: su poesía no parece estar ganada por ningún afán de experimentación, tampoco parece amenazada por la retórica del silencio. Por el contrario, la

6. En 1988 Gonzalo Rojas declaraba: "Estoy viviendo un reverdecimiento en el mejor sentido, una reniñez, una espontaneidad que no me explico. Es como si yo dejara que el lenguaje escribiera por mí. Parece descuido, y es el desvelo mayor" (1988, 17).
7. Gonzalo Rojas ha publicado los siguientes libros de poesía: *La miseria del hombre* (Valparaíso: Imprenta Roma, 1948), *Contra la muerte* (Santiago de Chile: Editorial Universitaria, 1964; 2ª edición aumentada. La Habana: Casa de las Américas, 1965), *Oscuro* (Caracas: Monte Ávila Editores, 1977), *Transtierro* (Madrid: Taranto, 1979), *Del relámpago* (México: Fondo de Cultura Económica, 1981), *El alumbrado* (Santiago de Chile: Ediciones Ganymedes, 1986), *El alumbrado y otros poemas* (Madrid: Cátedra, 1987), *Materia de testamento* (Madrid: Hiperión, 1988), *Desocupado lector* (Madrid: Hiperión, 1990), *Las hermosas. Poesías de amor* (Madrid: Hiperión, 1991), *Antología de aire* (Santiago de Chile: Fondo de Cultura Económica, 1993), *Cinco visiones* (Salamanca: Ediciones Universidad de Salamanca, 1992), *Obra selecta* (Caracas: Biblioteca Ayacucho/ Fondo de Cultura Económica, 1997). Las citas de los poemas de Rojas se toman de *Antología de aire* indicando sólo el número de página. En caso contrario se consignará el año del libro citado.

mayoría de sus poemas son de mediana o larga extensión donde se reelaboran de modo muy particular tópicos e imágenes provenientes de la más prestigiosa tradición literaria. Estas cualidades no apuntan, sin embargo, a una demostración de su saber retórico, sino a una incansable y desesperanzada interrogación al silencio. El acento trágico que respiran los poemas de Olga Orozco tiene mucho que ver con el recurso a los símbolos míticos, a los que apela obsesivamente aun sabiendo que en nuestros días su operatividad carece absolutamente de funcionamiento.[8]

Javier Sologuren (Perú, 1921), poeta de quien el crítico Roberto Paoli afirma que "se pone frente al vacío con la actitud de quien desea utilizarlo para dar mayor plenitud al poema" (7), pertenece al grupo de escritores que el consenso crítico ha agrupado bajo el nombre de "Generación del cincuenta". Con la excepción del período que va de 1950 a 1959, Javier Sologuren ha publicado sus trabajos con regularidad desde el año 44: *Vida continua* es el título de una obra cuya unidad se ha afirmado, como lo declara el mismo poeta, "a través de los agónicos y gozosos avatares de la existencia" (1989, 7). Hasta la fecha ha publicado dieciocho libros de poemas, sin contar traducciones (destacan particularmente su versiones de

---

8. Olga Orozco ha publicado los siguientes libros de poesía: *Desde lejos* (Buenos Aires: Losada, 1946), *Las muertes* (Buenos Aires: Gulab y Aldabahor, Losada, 1952), *Los juegos peligrosos* (Buenos Aires: Losada, 1962), *Museo salvaje* (Buenos Aires: Losada, 1974), *Cantos a Berenice* (Buenos Aires: Editorial Sudamericana, 1977), *Mutaciones de la realidad* (Buenos Aires: Editorial Sudamericana 1979), *Obra poética* (Buenos Aires: Corregidor, 1985), *La noche a la deriva* (México: Fondo de Cultura Económica, 1983), *Páginas de Olga Orozco* (Buenos Aires: Celtia, 1984). *Antología Poética* (Madrid: Editorial Cultura Hispánica-ICI, 1985), *En el revés del cielo* (Buenos Aires: Editorial Sudamericana, 1987), *Con esta boca en este mundo* (Buenos Aires: Sudamericana, 1994). Las citas de los poemas de Orozco se toman de *Obra poética* indicando sólo el número de página. En caso contrario se consignará el año del libro citado.

poesía francesa, sueca, italiana y japonesa), antologías ni obras reunidas. Pero los números suelen ser engañosos, y continuidad, en el caso de Javier Sologuren, no significa necesariamente abundancia: el escaso tiraje y la brevedad de sus colecciones impiden hablar de él como un poeta prolífico. Se trata más bien de un poeta asediado continuamente por la "unánime voz secreta" del silencio.[9]

Perteneciente, como Sologuren, a la llamada "Generación del cincuenta", Jorge Eduardo Eielson (Perú, 1924) es un poeta cuya precocidad le permitió la proeza de obtener a los veintiún años el Premio Nacional de Poesía. La aventura verbal de Eielson, signada por una notable conciencia de aquello que Octavio Paz ha llamado "los signos en rotación" (1979), se inició en 1942 con *Moradas y visiones del amor entero* para culminar en 1960 con la colección experimental titulada *Papel*, donde se hace evidente su radical disgusto por la literatura. A partir de ese año Eielson abandonará la

9. Javier Sologuren ha publicado los siguientes libros de poesía: *El morador* (Lima: Separata de la revista *Historia*, 1944) *Detenimientos* (Lima: Edición del autor, 1947), *Dédalo dormido* (México: Separata de la revista *Cuadernos Americanos*, 1949), *Bajo los ojos del amor* (México: Ícaro, 1950), *Otoño, endechas* (Lima: Separata de la revista *Mercurio Peruano*, 1959), *Estancias* (Lima: La Rama Florida, 1960), *La gruta de la sirena* (Lima: La Rama Florida, 1961), *Vida continua* (Lima: La Rama Florida y Biblioteca Universitaria, 1966), *Recinto* (Lima: La Rama Florida, 1968), *Surcando el aire oscuro* (Madrid: Carlos Milla Batres Ediciones, 1970), *Corola parva* (México: La Máquina Eléctrica Ediciones, 1977), *Vida continua* (Lima: Editorial Hipocampo, 1979), *Folios de El Enamorado y la Muerte* (Caracas: Monte Ávila Editores, 1980), *Vida continua (1945-1980)* (México: Premiá Editora, 1981), *El amor y los cuerpos* (México: Premiá editora, 1985), *Jaikus escritos en una amanecer de otoño* (Lima: Separata de la revista *Lienzo*, 1986), *Retornelo* (Lima: Editorial Colmillo Blanco, 1986), *Catorce versos dicen...* (Madrid: Ediciones del Tapir, 1987), *Folios de El Enamorado y la Muerte & El amor y los cuerpos* (Lima: Seglusa ediciones y Editorial Colmillo Blanco,1988), *Poemas 1988* (Madrid: Ediciones del Tapir, 1988), *Vida continua. Obra poética [1939-1989]* (Lima: Editorial Colmillo Blanco,1989), *Un trino en la ventana vacía* (Ediciones del Tapir, 1991). Las citas de los poemas de Sologuren se toman de la edición de 1989 de *Vida continua* indicando sólo el número de página. En caso contrario se consignará el año del libro citado.

24 EDUARDO CHIRINOS

"poesía escrita" (tal es el nombre que reúne su obra poética publicada en 1976 y 1989) para dedicarse a las artes plásticas, sobresaliendo especialmente en la pintura y la escultura. Con la excepción de *Ptyx* (1980), los escasos poemas publicados posteriormente son reelaboraciones de trabajos originalmente escritos en los años cincuenta y sesenta.[10]

También precoz como Eielson, Alejandra Pizarnik (Argentina, 1936-1972) publicó sus primeros poemas a los veinte años y no dejó de publicar hasta el año de su muerte.[11] La regularidad de sus publicaciones e incluso su fecundidad no obedecen, ni mucho menos, a una confianza en sus poderes creativos, sino a una fatalidad que en muchos casos se muestra amenazante, e incluso opresiva. El silencio para Pizarnik no fue siempre una posibilidad de plenitud del poema, sino "tentación y promesa" de algo que la poesía nunca le pudo

10. Jorge Eduardo Eielson ha publicado los siguientes libros de poesía: *Reinos* (Lima: Separata de la revista *Historia*, 1945), *Canción y muerte de Rolando* (Lima: La Rama Florida, 1959), *Mutatis mutandis* (Lima: La Rama Florida, 1967), *Poesía escrita [Poesía 1942-1960]* (Lima: Instituto Nacional de Cultura, 1976), *Noche oscura del cuerpo.* (París: Altaforte, 1983; Lima: Jaime Campodónico editor, 1989), *Poesía escrita [Poesía 1943-1980].* (2ª edición corregida y aumentada. México: Editorial Vuelta, 1989). Las citas de los poemas de Eielson se toman de la edición peruana de *Poesía escrita* (1976), indicando sólo el número de página. En caso contrario se consignará el año del libro citado.
11. Alejandra Pizarnik ha publicado los siguientes libros de poesía: *La tierra más ajena* (Buenos Aires: Botella al mar, 1955), *La última inocencia* (Buenos Aires: Poesía Buenos Aires, 1956), *Las aventuras perdidas* (Buenos Aires: Alba Mar, 1958), *Árbol de Diana* (Buenos Aires: Sur, 1962), *Los trabajos y las noches* (Buenos Aires: Sudamericana, 1965), *Extracción de la piedra de locura* (Buenos Aires: Sudamericana,1968), *Nombres y figuras* (Barcelona: Colección La Esquina, 1969), *El infierno musical* (Buenos Aires: Siglo XXI, 1971), *Los grandes cantos* (Caracas: Árbol de Fuego, 1971) Libros publicados póstumamente: *El deseo de la palabra* (Barcelona: Ocnos/Barral Editores, 1975), *Zona prohibida* (Veracruz: Ediciones Papel de Envolver, 1982), *Textos de sombra y Últimos poemas* (Buenos Aires: Sudamericana, 1982), *Poemas* (Buenos Aires: Centro Editor de América Latina, 1982), *Obras completas. Poesía & prosa* (Buenos Aires: Corregidor, 1990), *Semblanza* (México: Fondo de Cultura Económica, 1992). Las citas de los poemas de Pizarnik se toman de *Obras completas. Poesía & prosa*, indicando sólo el número de página. En caso contrario se consignará el año del libro citado.

ofrecer: la reconciliación entre lenguaje y deseo. Si bien la poesía de Alejandra Pizarnik está volcada a la inapelable decisión del suicidio, es importante subrayar que dicha opción sólo debe juzgarse en las coordenadas propuestas por su propia obra.[12]

La diferencia de actitudes observada en esta breve e introductoria reseña no impide que las obras de estos poetas se interrelacionen y fecunden mutuamente, ofreciendo una lectura homogénea que permita establecer —en el señalado marco de una preocupación que viene de siglos atrás— un notable intercambio de silencios. Por esa razón he preferido prescindir de las ventajas de un estudio por separado de estos autores para favorecer, en cambio, una lectura a partir de la atracción que sus poemas ejercen entre ellos mismos, trasgrediendo diferencias autoriales e incluso cronológicas. Esta opción cuenta con un inconveniente que, bien visto, se resuelve en una inapreciable ventaja: la de no estar endeudado a la necesidad de particularizar cada una de estas obras en el panorama de la poesía hispanoamericana de este siglo. No se trata, pues, de ofrecer una novedosa periodización de esta poesía a partir del silencio, ni mucho menos de diseñar una ilusoria sincronía donde las obras se desenvuelvan cómodamente, sino de postular la existencia de un diálogo intertextual atendiendo lo que en ellas aparece como obliterado, reprimido, mutilado y todo aquello que ingrese en la múltiple categoría de lo "no dicho".

12. Guillermo Sucre y Frank Graziano han reflexionado esclarecedoramente sobre la muerte de Alejandra Pizarnik y sus implicancias en la lectura de sus poemas, negándose a reconocer en su suicidio el origen de una leyenda que para muchos tiene más de espectáculo contestatario que de opción personal o fatalidad literaria. Guillermo Sucre resume su punto de vista aclarando que "no es el suicido el que ilumina su obra, sino al revés" (319). Frank Graziano, por su parte, puntualiza: "dado que la obra de Pizarnik es literaria . . . la obra suicida de Pizarnik sólo puede nombrar una muerte literaria y no una real" (1992, 12-13).

La ausencia de una tipología que sistematice y describa las distintas maneras de presentación y representación del silencio en la poesía hispanoamericana de la segunda mitad del siglo será subsanada en este trabajo con la revisión y ampliación de las propuestas paradigmáticas de Armantrout (1985), Block de Behar (1994) y Amorós (1981). Esta revisión hará especial hincapié en la participación del autor, el texto y el lector con el propósito de describir los recursos de los que se vale el silencio para introducirse en el poema y observar cómo se llevan a cabo en la práctica. También responde a la certeza de que el silencio está presente en el autor a la hora de enfrentar sus problemas expresivos; en el texto, que contiene en el mismo nivel discursivo al hablante y al interlocutor; y en el lector empírico, que es en última instancia quien descodifica y reconstruye creativamente los silencios del poema.[13] La distinción entre autor y hablante por un lado, y la de lector e interlocutor por el otro, es sumamente útil para establecer las distintas fuentes de las que brotan los silencios en la poesía. Esta distinción, que invalida expresiones del tipo "como dice Sologuren en un poema...", no impide que en muchos casos autor y hablante puedan coincidir; basta que el hablante se presente bio-gráficamente con el nombre del poeta, pero incluso en esos

---

13. En el terreno de la lingüística semántica, Oswald Drucot ha señalado la necesidad de distinguir entre "alocutario" (el interlocutor) y "auditor" (el lector), categorías que suelen incluirse en la noción general de "receptor": "Los auditores de un enunciado —explica Drucot— son todos aquellos que por una razón u otra lo oyen, o en un sentido más limitado, lo escuchan. Por lo tanto, no es necesario comprender un enunciado para saber quién es su auditor, porque es suficiente conocer las circunstancias en que fue producido. En cambio, los alocutarios son las personas a las que el locutor declara dirigirse. Se trata, por consiguiente, de una función que el locutor confiere a tal o cual persona por la fuerza de su mismo discurso, de modo que el simple conocimiento de las circunstancias no basta para determinarlo: su determinación forma parte del mismo discurso" (1984, 136-137).

casos (para los que se empleará el término poeta-hablante), el hablante no es más que una representación textual del poeta, quien está condenado a no ser nunca el enunciador integral de su propio texto.[14] Del mismo modo que el hablante, el interlocutor también se encuentra absorbido por el universo textual en el que está instalado. Esta absorción los convierte a ambos en dueños de sus propios silencios y no los hace responsables de los silencios del autor ni del lector: los suyos forman parte constitutiva y esencial de la enunciación poética. Son, pues, parte del texto mismo o, si se prefiere, silencios textuales.[15]

Me sirvo de las mismas razones esgrimidas hasta este momento para justificar el empleo de herramientas teóricas provenientes de distintos discursos críticos: el "interludio de lectura", o la capacidad del texto de comentarse a sí mismo mediante momentos claves donde nos hace conscientes de la forma porque se "rompe" (Prince, 1980); el "refrán" como indicador de silencios ya que se erige como ruptura/continuación del poema y como activador de la dialéctica de memoria y anticipación (Hollander, 1985); la "metatextualidad", o la escritura que constantemente llama la atención

14. Esta idea se encuentra cifrada en una sentencia de Emilio Adolfo Westphalen: "el yo del poema no es nunca el yo del autor" (entrevista con Jarque, 30). Desde una perspectiva filosófica, Philippe Sollers sostiene que la práctica literal de la escritura pone en evidencia "una *desenunciación* generalizada que incesantemente da pruebas de la ausencia de todo sujeto" (1992, 163). En una nota al pie de página, Sollers recurre a una cita de Derrida, según la cual la ausencia del sujeto de escritura es equivalente a la ausencia de la cosa-objeto designada por el lenguaje: "El espaciamiento como escritura es el devenir inconsciente del sujeto ...Todo grafema es en ese sentido testamentario. *Y la ausencia original del sujeto de escritura (escritor-escrito) es también la ausencia de la cosa-objeto"* (Citado por Sollers, 211-212. Mi subrayado).
15. Las categorías de "hablante" e "interlocutor" no deben ser confundidas con las de "autor implícito" (el "segundo yo del autor") y "lector implícito " (o "intérprete ideal del texto") propuestas por Wayne Booth.Ver a propósito las impugnaciones de Suleiman (1980, 8-9) y Bal (1985, 125-126).

sobre su status textual planteando preguntas acerca de la
relación entre realidad y artificio (Waugh, 1984); el "deseo"
o el movimiento interminable de un significante a otro que
revela el mundo vacío del lenguaje (Lacan, 1977) y las
nociones de "presuposición e intertextualidad" que aluden
a la configuración del texto por medio de la presencia/
ausencia de otros textos que lo absorben y transforman
(Kristeva, 1969 y 1974, Culler, 1993). Estas herramientas,
presentes y articuladas en cada uno de los capítulos, ofrecen
por un lado la ventaja de tomar en cuenta al autor, al texto
y al lector, y por otro la de unificar la diversidad de enfoques
dotando al análisis de la pluralidad necesaria para proponer
las pautas del diálogo textual a partir de sus silencios.

I. Silencios del autor, silencios del texto, silencios del lector

Lejos de ser una de las brillantes paradojas de *Altazor*,
inteligibles sólo en el espacio de su autorreferencialidad, los
versos de Huidobro que presiden este capítulo proponen que
el silencio constituye la esencia misma de la experiencia
poética, y que todo poema —incluso aquellos que se han
alejado de su origen esencial— se construye a partir del
silencio y aspira significativamente a conservarlo. En *El libro
que vendrá* Maurice Blanchot postula que la obra literaria "es,
para quien sabe penetrar en ella, una rica morada de silencio,
una defensa firme y una muralla alta contra esa inmensidad
hablante que se dirige a nosotros apartándonos de nosotros"
(1992, 246-247). La experiencia poética es, pues, una compleja
experiencia de silencios: los silencios que preceden y acompañan los actos de escritura y de lectura, los silencios del
autor y del lector, los silencios del hablante y del inter-

locutor, los silencios del texto mismo. Este esquema —cifrado en los versos mencionados de Huidobro— tiene la ventaja de explicar la experiencia poética como un proceso circular y continuo en el cual las palabras, acompañadas por esa legión de autores-lectores en la que estamos incluidos, retornan al silencio que precede a la escritura. Pero tiene una sutil desventaja: la apelación gramatical al "nosotros" sólo nos incluye en la medida que aceptemos el pacto de creencia en un silencio esencial en el cual se originan las palabras y al cual podemos efectivamente volver. En un ensayo titulado significativamente "En el principio es el silencio", Theodor Reik ofrece la siguiente propuesta:

> *Debemos suponer* que el silencio es esencial y que la palabra ha nacido del silencio, como la vida nació de lo inorgánico, de la muerte. *Debemos creer*, como en el Evangelio según San Juan, que en el principio era el verbo, pero con anterioridad existía el silencio grande. Carlyle, en *On Heroes and Hero-Worship*, afirma que el discurso forma parte del tiempo, y el silencio, de la eternidad. (25. Mis subrayados)

El reclamo de Reik (y de Carlyle) no se sitúa del lado de una valoración ingenua en los poderes de silencio, sino de la necesidad, por parte de la palabra, de mantener el vínculo que la unía a esos poderes. Guillermo Sucre ha escrito que la búsqueda de un lenguaje tan absoluto por parte del poema implica no sólo la "nostalgia de la Palabra", sino la identificación de ese lenguaje con el silencio mismo (294). Esta aseveración acusa una voluntad textual por obedecer la naturaleza de una atracción que define buena parte de la poesía contemporánea y cuyos principios acaso hemos perdido. Frente a esa pérdida, Martín Adán concibe la

poesía como una quimera silenciosa que se escucha a sí
misma:

> Poesía se está defuera:
> Poesía es una quimera
> Que oye ya a la vez y al dios.
> Poesía no dice nada:
> Poesía se está callada,
> Escuchando su propia voz. . . . (351)

Estos versos que dan inicio a *La piedra absoluta* (1965),
sugieren que la poesía no está dentro, sino "defuera" y no
dice nada porque —aquí está la soberbia paradoja— el silencio le es necesario para escucharse a sí misma. No es entonces
el poeta quien "dice" o "no dice", sino la poesía que al
escucharse a sí misma permite un rescoldo de comprensión
al oído humano. Detrás de los versos citados de Adán se
escuchan las tribulaciones de un autor desplazado por el
poder silencioso de un poema que ya no le pertenece, acaso
porque no le perteneció nunca: el silencio prescinde del poeta
y, en virtud de su poder de desdoblamiento y reflexión,
convierte al poema en hablante y oyente a la vez. Por los
mismos años en que Martín Adán escribía estos versos,
Michel Foucault especulaba sobre la literatura contemporánea en estos términos:

> La literatura se distingue cada vez más del discurso de
> las ideas y se encierra en una intransitividad radical; se
> separa de todos los valores que pudieron hacerla circular
> en la época clásica . . . y se convierte en pura y simple
> manifestación de un lenguaje que no tiene otra ley que
> afirmar —en contra de los otros discursos— su existencia
> escarpada; ahora no tiene otra cosa que hacer que
> recurvarse en un perpetuo regreso sobre sí misma,
> como si su discurso no pudiera tener como contenido
> más que decir su propia forma: se dirige a sí misma

como subjetividad escribiente donde trata de recoger, en el movimiento que la hace nacer, la esencia de toda literatura. (1974, 293-294)

Este párrafo —que podría ser leído como un comentario a propósito de los versos citados de Adán— funciona también para explicar el cambio de rumbo del texto literario contemporáneo. La "intransitividad radical" señalada por Foucault aleja a la literatura del discurso de las ideas, pero la acerca al de la música, cuya autorreflexividad admite sin mayores conflictos la atracción entre sonido y silencio. En un ensayo publicado originalmente en 1949, Robert Fliess observa que las diferentes formas de silencio que aparecen en el tratamiento psicoanalítico son "pausas o cortes en la verbalización, semejantes a las pausas o silencios de una partitura musical" (63). Para aclarar la pertinencia de la comparación, añade en una nota al pie de página la siguiente explicación técnica:

> Los músicos *utilizan* diferentes tipos de silencio. El más conocido se caracteriza por su duración (silencio de negra, de corchea, de semicorchea, etc.) Tenemos también la *combinación* de un silencio y de un "calderón", que suspende el valor de duración de un silencio, y además la combinación de doble barra con "calderón", pausa sin valor de duración que sólo un experto puede comprender. El *ejecutante* tiene la posibilidad de introducir en el fraseo pausas "no escritas", interpretativas. (63. Mis subrayados)

Si reemplazamos "músicos" por "poetas" y "ejecutantes" por "lectores" obtendremos un programa detallado de las distintas maneras en que el silencio se introduce en el poema y lo articula. Si convertimos, además, al silencio en el objeto de las acciones de "utilizar", "combinar" y "ejecutar" —subrayadas en el texto de Fliess—, observaremos la interacción natural que se produce entre el autor, la obra y el receptor sin la cual sería imposible el acto creativo. Los interludios de lectura (uso de espacios en blanco, puntos suspensivos, paréntesis, disposición figurativa de palabras, variaciones tipográficas, etc.) no sólo funcionan como indicadores de transitividad textual, sino como notaciones que, de manera semejante a las mencionadas por Fliess, señalan la aparición, la duración y también la subversión de los silencios.

Estas reflexiones son necesarias para abordar la revisión y ampliación de tres propuestas paradigmáticas que —de acuerdo con la importancia que cada una le concede al autor, al lector o al texto— enumeran y describen las distintas maneras en que el silencio se hace presente en el poema. Ninguna de ellas está diseñada en torno a la obra de un poeta particular, antes bien postulan un alcance general aun cuando parten de tradiciones poéticas específicas. Utilizando ejemplos de la más reciente poesía norteamericana, Rae Armantrout (1985) sostiene que es la voluntad del autor la que decide, mediante el uso de determinadas estrategias, la inclusión de silencios en el poema. Desde la orilla contraria, Lisa Block de Behar (1994) interroga los silencios del texto (poético, narrativo o fílmico) para observar cómo, por medio de la lectura, llegan a ser silencios del lector. Por último, Amparo Amorós (1982) examina desde la tradición lírica española los diferentes recursos de los que se vale el silencio para hacerse oír en un poema. A pesar de tratarse de propuestas distintas, las tres resultan semejantes (y en algunos casos hasta coincidentes), lo que no es extraño, ya que resulta prácticamente imposible abordar cualquier análisis de esta naturaleza sin tener en cuenta el juego de interacciones y oposiciones entre lo que Umberto Eco llama *intentio auctoris*, *intentio lectoris* e *intentio operis* (1992, 68-71).

La perspectiva del autor

En su ensayo "Poetic Silence" (1985) Rae Armantrout propone la siguiente pregunta: "supongamos que una escritora quiere dar lugar en su obra al silencio, a la experiencia de suspensión. ¿Cómo se logra esto?" y responde:

1. Ella podría terminar un verso o un poema de una manera abrupta e inesperadamente.
2. Podría crear conexiones extremadamente tenues entre las distintas partes del poema.
3. Podría crear deliberadamente un efecto de inconsecuencia.
4. Podría hacer uso de la auto-contradicción o retracción.
5. Podría usar elipsis obvias.
6. Podría usar algo que coloque lo existente en una relación perceptible con algo no-existente, ausente o externo. (34-35. Mi traducción).

Estos seis puntos descansan en un omnímodo poder autorial que regula y determina la inclusión del silencio en el poema. Sin embargo, a pesar de haber advertido previamente su voluntad de trabajar con obras y no con autores, Armantrout no tiene ningún inconveniente en acudir al lector para definir la configuración de un texto, ni en contradecir su sana teoría proponiendo que es la autora quien da espacio al silencio en su obra. Estas "inconsecuencias" no invalidan su tesis, antes bien señalan las posibilidades del texto (y el lector) de trasgredir los lineamientos impuestos por una supuesta voluntad autorial. Así, por ejemplo, cuando se refiere al poema en prosa "Dormer" de Lyn Hejinian,

Armantrout reconoce que "la actividad del lector consiste en registrar la cacofonía de esas fuentes y en percibir las relaciones entre una oración y aquellas situadas en otra parte del texto" (34. Mi traducción). De manera semejante, cuando discute uno de los poemas de "January Morning" de William Carlos Williams, establece que su silencio se logra gracias a la "elipsis" (el texto proviene de un lugar no dicho gracias al empleo de la "y" inicial), la "inconsecuencia" ("Williams declara no tener mucho que decir sobre esas cosas") y la "irresolución final". Transcribo el poema de Williams:

> —and the sun, dipping into the avenues
> streaking the tops of
> the irregular red houselets,
>   and
> the gay shadows dropping and
> dropping. (35)

Las estrategias mencionadas por Armantrout, si bien son pensadas y articuladas por Williams en tanto autor, sólo llegan al lector virtualizadas en un texto que multiplica la pluralidad de significados y ofrece indicaciones de cómo debe ser leído (Prince, 1980). De este modo se puede observar que la "elipsis" conduce inmediatamente a uno o varios pre-textos, estableciendo su propia e intransferible genealogía textual; que la "inconsecuencia" no es —como sugiere Armantrout— atribuible a Williams como autor empírico, sino al hablante del poema con quien puede (o no) guardar una relación muy estrecha; y que la "irresolución final" ("dropping and/dropping") puede ser la clave del sentido otorgada por la disposición gráfica. En todos esos casos la intencionalidad del autor sólo es relevante en la medida en que nos acerca al "contexto de sus intenciones"

(Crosman, 1980), no a un significado último y determinante del poema como lo afirma, por ejemplo, Michael Riffaterre, cuyos estudios de estilística estructural postulan la existencia de un autor vigilante y celosamente preocupado por la descodificación correcta de su mensaje por parte de los lectores:

> El autor es extremadamente consciente de lo que hace porque está preocupado por *el modo en que quiere que se descodifique su mensaje,* hasta el punto de que trasmite al lector, no sólo la significación del mensaje, sino su propia actitud hacia él; el lector debe comprender, por supuesto, pero también participar de los puntos de vista del autor sobre lo que es importante y lo que no lo es en su mensaje. (1976, 43. Su subrayado)[16]

Mientras críticos como Riffaterre, E.D. Hirsch y Wayne Booth sostienen que el significado de una obra literaria lo establece en última instancia el autor, Robert Crosman denuncia en esta postura una concepción unívoca de la verdad que forma parte de la ideología de una sociedad autoritaria y jerárquica (1980, 164), Roland Barthes decreta la muerte del autor "autoritario" que reivindica el sentido de la obra y "define ese sentido como legal" (1985a, 61-62), y Michel Foucault sostiene que un texto nunca es

16. Frente al principio de Stankiewicz invocado por Riffaterre según el cual "todo poema constituye una estructura específica, compuesta de elementos invariables, mientras que las diversas lecturas que de él se hagan constituyen sus variantes" (1975, 150-151), la llamada Estética de la Recepción (*Rezeptionsästhetik*) propone estudiar "los modos y resultados del encuentro de la obra y el destinatario" (Warning 1989, 13). Este proyecto se cumple con algunas variables en las propuestas de críticos como Felix Vodicka, Wolfgang Iser, Hans Robert Jauss, Umberto Eco y, en el terreno de la especulación filosófica, en las de Hans George Gadamer. Sobre la discusión acerca de las distintas posturas que ofrece la Estética de la Recepción ver: Warning (1989, 13-34) y Fokkema (1981, 165-196).

producto de una conciencia unificada, sino de varios roles
socialmente determinados que llama "funciones autoriales"
(1994, 346-347). ¿Debemos colegir entonces que William
Carlos Williams es un autor "autoritario" que pretende
erigirse como dueño del significado último de sus poemas?
La respuesta más inmediata es no. Las mismas estrategias
presentadas por Armantrout para explicar el poema (elipsis,
inconsecuencia, irresolución final) minan toda posibilidad
de autoritarismo por parte de Williams, cuyo hablante
—menos preocupado que Riffaterre por la descodificación
correcta de sus lectores— no incurre en ningún momento
en aserciones categóricas que manipulen y dirijan el sentido.
Este comentario es extensivo a cada una de las seis maneras
señaladas por Armantrout para dar lugar al silencio. En
efecto, los cortes abruptos, la atenuación de las conexiones,
el efecto de inconsecuencia, la contradicción y la relación
con un texto externo son mecanismos que le restan poder
a la imposición autorial y permiten, en cambio, la
indeterminancia donde se instala el silencio, dando pie a
la participación activa del lector.[17]

17. En el cuarto capítulo de *The Poetics of Indeterminacy* (1993) Marjorie
Perloff sostiene que la mayor parte de los poemas de *Spring and All* de
Williams están caracterizados por la movilidad cubista y la indeterminancia:
"Como una pintura cubista, el poema de Williams introduce pistas contra-
dictorias que resisten todo intento de aplicar pruebas de consistencia" (128-
129. Mi traducción). Wolfgang Iser (1989) propone que la indeterminancia o
ambigüedad de un texto "es la posibilidad de entrada del lector, aún cuando
produzca la impresión de que le está cerrando la puerta" (146). Por su parte,
Umberto Eco habla de obras cuya indeterminancia es aprovechada produc-
tivamente por los lectores: "Se trata, en definitiva, de obras que se presentan
al lector o espectador *no totalmente producidas ni concluidas*, cuyo goce consiste en la conclusión productiva de las obras; conclusión productiva en la
que se agota también el mismo acto de la interpretación, porque la forma de
la conclusión muestra la especial visión que el espectador tiene de la obra"
(1990, 161. Su subrayado). He preferido el neologismo "indeterminancia"
(*indeterminacy*) a "indeterminación" (*indeterminate*) para evitar el carácter

Este fenómeno no se atenúa con la indistinción entre
hablante y autor empírico, siempre y cuando la indistinción
parta del poema mismo. Tal es el caso de "Tres rosas
amarillas" (*Desocupado lector*, 1990) de Gonzalo Rojas, donde
el poeta-hablante decide confesar el modo en que escribe.
En este poema se cumplen algunas de las observaciones
señaladas por Armantrout: los versos y las estrofas se
encabalgan abruptamente sin por ello perder una entrecortada continuidad, las conexiones entre las estrofas son
tenues (o, por lo menos, oscuras) aun cuando pertenecen
a una misma secuencia gramatical, y, por último, lo externo
al poema es el *otro* poema anunciado a partir de los mecanismos expuestos en "Tres rosas amarillas":

1) ¿Sabes cómo escribo cuando escribo? Remo
en el aire, cierro
las cortinas del cráneo-mundo, remo
párrafo tras párrafo, repito el número
XXI por egipcio, a ver
si llego ahí cantando, los pies alzados
hacia las estrellas,

2) del aire corto
tres rosas amarillas bellísimas, vibro
en esa transfusión, entro
águila en mujer, serpiente y águila,
paloma y serpiente por no hablar
de otros animales aéreos que salen de ella: hermosura,
piel, costado, locura,

3) señal
gozosa, asiria mía que lloverá

negativo que le asigna el diccionario ("falta de determinación en las cosas,
o de resolución en las personas") y subrayar las múltiples posibilidades que
resultan de su uso voluntario en la creación artística.

le digo a la sábana
blanca de la página,
Dios mismo
que lo sabía lo hizo en siete.

Aquí empieza entonces la otra figura del agua. (268)

La aventura de la creación poética no es presentada como un conjunto "autoritario" de aserciones y preceptos, sino como una alegoría del alumbramiento cuya inteligibilidad se ve permanentemente saboteada por la presencia de los silencios. La no correspondencia entre grupo sintáctico y estrofa genera un descuadre entre la división estrófica numerada y la organización gramatical del poema, que se divide en una pregunta (v. 1), una respuesta (vv. 1-21) y una conclusión abierta que anuncia el alumbramiento (v. 22). Enumeremos suscintamente los silencios del poema: 1. la pregunta inicial supone la presencia de un interlocutor cuya presencia es determinante pero invisible, ya que en ningún momento habla, antes bien escucha en silencio el discurso del hablante; 2. la declaración de escribir "como remar en el aire" indica la preexistencia de un ritmo silencioso y esencial en el cual la escritura desea inscribirse; 3. el proceso que se inicia con la cerrazón ("cierro las cortinas del cráneo-mundo") y culmina con la figura amniótica del agua, delata la conciencia de gestación como aislamiento, es decir, como purificación por el silencio y la soledad para prolongar el canto (y la propia vida) hasta el siglo XXI; 4. la sumarización de aquello que el hablante decide no hablar ("*por no hablar*/de otros animales aéreos que salen de ella: hermosura,/piel costado, locura." Mi subrayado); 5. La correspondencia metafórica entre la página blanca y la sábana, que no sólo sugiere una connotación erótica de la escritura, sino, también, una puesta en escena del diálogo entre el poeta y el silencio seductor-germinador de la página blanca; 6. la alegoría de la creación que propone el hablante culmina con la inminencia del alumbramiento de otro poema, que tal vez no sea otro que "Tres rosas amarillas" (metaforizadas en cada una de las tres estrofas). La lectura del poema sería, entonces, la virtualización de un proceso en el cual el poema se alumbra a sí mismo.

La presencia de estos silencios y desajustes en el poema no constituye pautas elaboradas por el autor y dejadas en el texto como "pistas" para que el lector descodifique correctamente la clave secreta de sus intenciones. Muy por el contrario, a pesar de presentarse como una "confesión autorial" (es decir, como poética y como biográfica), el hablante indetermina el discurso, lo abre, y al hacerlo despoja al autor de cualquier intento de controlar el sentido.

La perspectiva del lector

En su estudio *Una retórica del silencio* (1994) Lisa Block de Behar analiza las funciones del lector desde una perspectiva vinculada muy libremente con la estética de la recepción y las especulaciones teóricas de Gérard Genette. Su análisis parte del reconocimiento, propuesto por Michel Charles, de que la retórica no debe ser entendida como elocuencia o como un catálogo de preceptos y curiosidades, sino como una teoría del discurso (Block de Behar, 28). Este reconocimiento hace posible cruzar las turbulentas aguas que separan al autor del lector y sentar las bases de una retórica del silencio, es decir, la aplicación de esta disciplina a ese "objeto silencioso" en que se constituye, de acuerdo con Genette, la obra literaria. La vindicación del lector propuesta por Block de Behar se sitúa más allá de la estética de la recepción al reconocer que, a pesar de aparecer siempre "como un término de menor entidad en el circuito de la comunicación estética" (35), el lector ya aparecía convocado en el concepto aristotélico de "catarsis", en el agustiniano de "misericordia" y en aquellas formas de identificación que se prolongan hasta nuestros días bajo la modalidad de la simpatía, la seducción, la hipnosis y (podríamos agregar) el silencio, que absorbe al lector y lo convierte en participante activo.

Para Block de Behar —quien apela al concepto de "narratario" (o "lector leído") propuesto por Genette para distinguirlo del lector empírico— el silencio es la condición necesaria para interpretar los silencios de la lectura, para buscar el significado de lo no dicho. Este punto, que podría parecer demasiado obvio en una cultura "del libro", le permite observar el carácter de "apartamiento místico" que rodea al acto de lectura:

La lectura impone un retiro similar al apartamiento místico, y ese retiro literario vale tanto por abstinencia como por jubilación, una privación y un goce a la vez; una especie de ascesis por la que el lector se ausenta de su medio tratando de suspender todas sus sensaciones, salvo las visuales, y también éstas notablemente disminuidas: apenas si ve el blanco y negro de la página impresa; no es más que un paisaje alfabético el suyo. (41)

Esta concepción de la lectura como retiro y apartamiento opone la soledad y aislamiento de las actividades visuales (entre ellas la lectura del texto impreso) a la comunión que suponen las actividades auditivas. En sus reflexiones sobre la interioridad del sonido, Walter Ong recuerda que "[l]a vista aísla; el oído une. Mientras la vista sitúa al observador fuera de lo que está mirando, a distancia, el sonido envuelve al oyente" (75-76). En la misma línea, Paul Ricœur postula que "los textos impresos alcanzan al hombre en soledad, lejos de las ceremonias que reúnen a la comunidad" (55). Esta versión moderna del apartamiento ascético enraiza su genealogía en la actitud de los monjes benedictinos del siglo IX evocados por Michel Rouche, primeros usuarios de la lectura silenciosa y de la soledad como valor espiritual:

> La soledad de la lectura tenía por tanto que conducir al silencio. Este nuevo valor era en efecto indispensable para el recogimiento. "El noveno grado de humildad, sigue diciendo la regla, es que el monje le prohíba hablar a su lengua, y que, guardando silencio, aguarde para hablar a que se le interrogue." "Los monjes han de cultivar el silencio todo el tiempo, pero sobre todo durante las horas de la noche" ...Cultivar el hombre interior, para decirlo con una expresión agustiniana, he ahí la finalidad del silencio. Se trata de un valor nuevo. Benito lo reclama a veces incluso con severidad e irritación, porque a sus ojos es esencial para llegar a desear la vida eterna "con todo el anhelo de su espíritu" (*conscupiscentia spiritualis*). (Rouche, 129)

Tanto Rouche como Block de Behar coinciden en proyectar el apartamiento de la lectura silenciosa al apartamiento de la escritura silenciosa. La cruda caracterización hecha por Rouche de la lectura y la escritura en sus comienzos medievales, si bien se ha visto atenuada por la revolución de la imprenta (y, más tarde, por la de los ordenadores) mantiene el carácter de ejemplaridad que Block de Behar asocia con la creación del mito del escritor ciego (cuyas puntas temporales serían Homero y Borges) y su correlato con el nuevo mito del "lector como un hombre casi ciego":

"los ojos semicerrados, sin ver de su alrededor sino algunos pocos centímetros cuadrados, un *drôle de voyeur* que espía a través del libro (un agujero), el ojo por el que descubre intimidades —propias y ajenas— sin lamentarse de ignorar lo que ocurre en torno y afuera" (Block de Behar, 41).

El extenso y documentado trabajo de Block de Behar no se detiene de manera específica en el texto poético; antes bien discute la caracterización del lector y sus funciones textuales, o recorre en su argumentación las extensas avenidas de la narrativa, el cine y el discurso teórico. Por esa razón, lo que pueda decirse sobre la poesía a partir de su ensayo proviene de la adaptación de reflexiones hechas para otro tipo de discursos. Eso es lo que lleva a cabo Emma Sepúlveda-Pulvirenti en "El lector de poesía: función interpretativa de los espacios de silencio" (1990), ensayo donde ofrece una lectura de las reflexiones de Block de Behar aplicadas a la poesía española contemporánea.

También vinculada con las preocupaciones de la estética de la recepción, Sepúlveda-Pulvirenti se pregunta "¿Cómo llegan los silencios del hablante, por medio de la lectura, a ser silencios en el receptor?" (201). Su respuesta está dividida en cuatro apartados que definen funcionalmente las estrategias propuestas. Los resumo a continuación:

(i) Uso de diferentes tipos de preguntas que no tienen respuesta en el poema y que crean "un espacio paralelo de silencio que va desarrollándose en el lector por medio de la lectura" (205).

(ii) Uso de pausas que se marcan con los signos ortográficos en el poema, por ejemplo los puntos suspensivos que funcionan como "puentes verbales que extienden el silencio del hablante al lector" (205).

(iii) Uso del paréntesis, "que crea un discurso sobre el discurso, que el lector adhiere a su lectura como comentario aparte dentro del silencio que produce el espacio de silencio" (205).

(iv) Uso de forma dialogada en el poema: espacio de silencio que divide los parlamentos de las voces poéticas.

Los ejemplos de la poesía española ofrecidos por Sepúlveda-Pulvirenti, si bien son excelentes, no problematizan en ningún caso las estrategias tal como están presentadas. Esto, sumado a la no distinción entre interlocutor y lector (tal vez la objeción más relevante a su lectura), genera algunos problemas para evaluar poemas como, por ejemplo, "Cold in hand blues" de Alejandra Pizarnik (*El infierno musical*, 1971). Este poema, que no ofrece espacios tipográficos entre los parlamentos del diálogo ni cuenta con signos ortográficos que marquen las pausas, está sin embargo rodeado por una espesa y asfixiante capa de silencio:

> y qué es lo que vas a decir
> voy a decir solamente algo
> y qué es lo que vas a hacer
> voy a ocultarme en el lenguaje
> y por qué
> tengo miedo (295)

El empleo de la forma dialogada permite la distinción de las voces a partir del espacio de silencio entre verso y verso, pero también del vínculo entre el poema y un pretexto silenciado cuya presencia es activada por el comienzo *in medias res* marcado por la "y" inicial. El carácter fragmentario del poema está paradójicamente acentuado por la ausencia de signos ortográficos y por los bruscos cambios de modulación que provienen de una sola hablante, desdoblada en una experiencia límite de alteridad. Si se asume que en esta situación comunicativa la hablante es quien pregunta en los versos impares y la interlocutora (su yo desdoblado) la que contesta en los versos pares, para esta última el lenguaje será, como ella misma lo declara, una opción de ocultamiento. ¿Desde dónde, entonces, ocurre este diálogo, desde el poema que lo registra o desde el no-lenguaje en el cual es referido? Luce Irigaray observa que en todo diálogo algunos hablan mientras otros callan, impidiendo cualquier posibilidad de réplica ya que, si todos hablaran al mismo tiempo, "el ruido de fondo haría difícil, sino imposible, ese proceso de redoblamiento que constituye el eco" (276). Esta idea de Irigaray —que se complementa con la de Bajtín cuando éste explica que las fronteras de cada enunciado "se determinan por el cambio de los sujetos discursivos, es decir por la alternación de los hablantes" (260)— proviene de una concepción del silencio de los otros como "*fondo* al recorte y definición de las palabras de unos, de uno" (Irigaray, 276). La alternancia de las voces que conforman el poema "Cold in hand blues" no anula la posibilidad de réplica, por el contrario, configura el eco silencioso sobre el cual se recorta, redobla y oculta cada una de las voces implicadas.

Otro problema lo ofrecen los puntos suspensivos, que para Sepúlveda-Pulvirenti configuran "puentes verbales que extienden el silencio del hablante al lector" (205). Esta alianza comunicativa entre una instancia textual y otra virtual se problematiza en aquellos poemas donde los puntos suspensivos cortan las amarras del puente, creando un conflicto entre la mutilación textual y la forma de la que el poema es usuario. En un ensayo sobre la poesía de Martín Adán, Javier Sologuren define los puntos suspensivos como denotadores de silencio e interrupción, además de incompletitud del sentido de la frase. Para Sologuren los puntos suspensivos "constituyen el signo ad hoc para significar esa retención, esa suspensión del pensamiento, respecto del cual llama la atención en unos casos acerca de lo que se sobreentiende y en otros causando extrañeza ante una salida inesperada" (1988, 255). Luego cita el soneto "Senza tempo. Affrettando ad libitum" (*Travesía de extramares*, 1950), donde la mutilación textual, visible en la sobreabundancia de puntos suspensivos, se presenta incluida en una forma con la cual entra en conflicto:

— ¡Mi estupor!... ¡quédateme... quedo... cada
Instante!... ¡mi agnición... porque me pasmo!...
¡Mi epifanía!... cegóme orgasmo!...
¡Vaciedad de mi pecho desbordada!...

— ¡Básteme infinidad de mi emanada...
Catástasis allende el metaplasmo!...
¡Que no conciba... yo el que me despasmo...
Entelequia... testigo de mi nada!...

— ¿Mi éxtasi... estáteme!... ¡inste ostento
Que no instó en este instante!... ¡tú consistas
En mí, o seas dios que se me añade!...

— ¡Divina vanidad... onde me ausento
De aquel que en vano estoy... donde me distas,
Yo Alguno!... ¡dúrame, Mi Eternidade! (Adán, 132)

Este poema de Martín Adán plantea un doble conflicto: el ya señalado de la mutilación o inacabamiento textual en el interior de una "forma" (en este caso un soneto endecasílabo) y el de los signos gráficos que, más que representaciones "naturales" de la oralidad, se erigen en indicadores de determinados modos orales. Mientras los signos de admiración e interrogación son recursos textuales que indican al lector la dirección del tonema, los puntos suspensivos, en cambio, si bien son añadidos textuales, son privilegio de la escritura, donde sí parecen cumplir funciones "naturales". Podría pensarse que la rigidez formal del soneto ahoga toda posibilidad de liberar el magistral titubeo que expresa, impidiéndole asumir una postura más radical: la de hacer coincidir los silencios con los vacíos gráficos a modo de cicatrices textuales. Pero el poema invierte dicha posibilidad y muestra la sutil acción demoledora que ejerce el titubeo sobre la supuesta rigidez de una forma que lo contiene y expresa. Los puntos suspensivos revelan el drama que supone la intromisión del silencio en una estructura formal cuya consagración no la exime de su creciente deterioro. Ese deterioro, es importante subrayarlo, sólo puede ser expresado mediante el deterioro discursivo o, para decirlo con palabras de Martín Adán, por la incómoda aparición de esa "voz tan humana que demuda".

La perspectiva del texto

Desde una perspectiva distinta (aunque coincidente en algunos aspectos con Armantrout y Block de Behar) la poeta española Amparo Amorós se pregunta en el ensayo "La retórica del silencio" (1982): "¿qué recursos expresivos genera el silencio para hacerse oír en un texto?". Su respuesta es una meditada reflexión sobre los riesgos de la retórica del silencio en la tradición poética española y un cuidadoso acercamiento a la problemática del silencio desde la postura de quien escribe poemas. La riqueza de sus fuentes y el carácter testimonial de su argumentación impide la transcripción in extenso de su respuesta, que resumiré en seis puntos:

i) Supresión de todo elemento considerado retórico "en el sentido peyorativo del término", en busca de la desnudez expresiva, la concentración y la sobriedad.

(ii) Eliminación de nexos innecesarios, "brindar la sintaxis, entrechocar —mediante asociaciones insólitas, sorprendentes, imprevistas— las palabras como piedras para que estallen, hacerlas restallar contra su propia opacidad como látigos y apuntar al blanco semántico como arcos tensados por procedimientos lingüísticos" (24).

(iii) Uso de técnicas cinematográficas "para reflejar ciertas zonas de la realidad escondidas o relevantes, provocadoras o insignificantes, o ciertos trazos fugaces que han traducido una visión entrecortada y fustigante como la respiración de la angustia" (24).

(iv) Utilización "del espacio tipográfico de la página para inscribir en él breves y sintéticos poemas que recuerdan la tradición de los Hai-ku o las Greguerías" (24).

(v) Fragmentarismo, comienzos "in medias res" y finales bruscos, "como chispas brotadas, del pedernal, luces instantáneas en medio de la noche. Y ese vacío operado en torno al texto y su propio carácter sugerente y enigmático ha funcionado como un auténtico vacío físico absorbiendo al lector, devorándolo, incluyéndolo en el poema hasta hacerlo participar en él como co-autor" (24)

(vi) "Intento de ensordecer el poema, de quitarle musicalidad, pensando que era excesiva o superficial" (24).

Amorós advierte que estas estrategias, si bien cumplen una función higiénica contra los excesos del ornamentalismo y la grandilocuencia, corren el riesgo de propiciar una nueva retórica contra la que hay que estar prevenidos, la retórica del silencio:

> Hemos adelantado que entre los seguidores de la "poética del silencio" había un rechazo a todo lo que se considerase retórico en el mal sentido. Y que ello ha dado óptimos resultados. Pero, como sucede con todas

las retóricas (y espero que se me perdonen los juegos
con el término), su uso excesivo, poco inteligente y su
aplicación gárrula e indiscriminada ha producido un
cansancio y un hastío. Y a la vana retórica de las palabras ha venido a sustituir la no menos consabida retórica del silencio". (25-26)

Esta advertencia se erige contra una preceptiva que re-
comienda al poema ocultar su artificio y su condición de
expresión verbal para sacudirse, por medio de la ilusión de
espontaneidad y falta de preocupación formal, del peso de
la tradición retórica. Ésta es, por ejemplo, la propuesta de
Robert Kern:

> En términos generales, nosotros estamos tratando
> aquí, en una forma extrema, con uno de los proble-
> mas básicos de la lírica post-romántica: el poema
> que intenta borrar las marcas de su propia produc-
> ción, que busca esconder su artificio y aparecer es-
> pontáneo, desnudo y natural. El poema que repre-
> senta el pensar, yendo un paso más allá, debería
> esconder no solamente su artificio, sino el hecho de
> que es una expresión verbal, creando la ilusión no
> sólo de espontaneidad, sino de silencio. (36. Mi tra-
> ducción).

Tal vez lo que Kern llama "artificio" sea lo mismo que
Amparo Amorós llama "retórica" en su sentido peyorativo,
pero ocurre que muchos poemas crean la ilusión de espontaneidad y silencio a partir precisamente de la exhibición
de sus artificios.[18] Por otro lado, la distinción que Amorós
establece entre una "teoría" y una "praxis" del silencio

18. Como ocurre, por ejemplo, en "Crítica de la poesía" de José Emilio
Pacheco y en el poema 10 de *Mutatis mutandis* de Jorge Eduardo Eielson,
comentados en el capítulo IV.

denuncia los evidentes procedimientos retóricos que aseguran una preferencia por el silencio como procedimiento comunicativo, mientras "están utilizando al máximo muy hábilmente, las posibilidades de la palabra" (15).

La caracterización de Amorós, además de advertir la divergencia entre la sana teoría y la práctica deficiente, permite un acercamiento pragmático (pero nunca preceptivo) a la lectura de los silencios en el poema. Los puntos i y ii, por ejemplo, funcionan como un comentario a propósito de "La mañana alza el río..." (*Las ínsulas extrañas*, 1933) de Emilio Adolfo Westphalen, donde el silencio no está presente como alusión ni como objeto retórico, sino como parte de la expresión misma, asegurando de este modo el perfecto ajuste entre la "teoría" y la "praxis":

. . . .
El mar
Cuántas barcas
Las olas dicen amor
La niebla otra vez la barca
Los remos el amor no se mueve
Sabe cerrar los ojos dormir el aire no los ojos
La ola alcanza los ojos
Duermen junto al río la cabellera
Sin peligro de naufragio en los ojos
Calma tardanza el cielo
O los ojos
Fuego fuego fuego fuego
En el cielo cielo fuego cielo
Cómo rueda el silencio
Por sobre el cielo el fuego el amor el silencio
Qué suplicio baña la muerte el silencio
Detrás de la ausencia mirabas sin fuego
Esa ausencia noche
Pero los ojos el fuego
Caricia estío los ojos la boca

El fuego nace en los ojos
El amor nace en los ojos el cielo el fuego
El fuego el amor el silencio (26-27)

En este poema (del que sólo se ha transcrito la segunda
parte) se puede comprobar que la "eliminación de nexos
innecesarios" señalada por Amorós designa el mismo fenómeno al que alude Armantrout cuando se refiere a la
creación de conexiones extremadamente tenues entre las
distintas partes del poema. El fragmentarismo, la incompletitud y la fuerte tendencia del poema a romper la
unidad discursiva otorga al silencio la función de argamasa
significante que convierte cada verso en una imagen aislada
y a la vez tejida en una unidad superior que trasciende
al poema (e incluso al libro). Dicho de otra manera: sólo
a través del silencio, que articula de manera soterrada e
invisible la lectura, es posible la navegación entre las ínsulas
extrañas que cada poema, cada verso e incluso cada palabra
propone.

Los puntos iii y iv señalados por Amorós, son útiles para
explicar uno de los rasgos más característicos de la poesía
de Javier Sologuren: su tendencia a la consagración del
detalle y su apego a la tradición japonesa del haiku. Las
visiones del encaje de sal en el madero, las estrías de negror
en una losa de mármol, o los vitrales de luz que forman
los rayos solares al atravesar un sombrero de paja son comparables a la que logran ciertos pintores, fotógrafos o cineas-
tas que, operando por amplificación, otorgan al detalle una
realidad insospechada e insólita. "La respiración de la angustia" de la que habla Amorós (y que escuchamos como
un eco constante y lejano en los poemas de Westphalen y
con sobrecogedora vehemencia en los de Alejandra Pizarnik)
se manifiesta en los poemas de Sologuren en un ritmo

contenido y sosegado que declara la imposibilidad de capturar la totalidad de la experiencia. De esta imposibilidad, que lo obliga a conformarse con los restos o con detalles menospreciados o minúsculos, Sologuren ha sabido extraer una amarga poética que es, también, un oblicuo homenaje a su poesía:

> Se fracciona la luna en descabalgados cristales
> azules sobre los que un viento salobre hace despedir
> arrebatadas crines de fuego
>
> sólo he alcanzado a coger un fragmento
> y en él me empeño en mojar mi pluma
> que sólo arde
> sola y sin luna
>
> (restos) (1991, 13)

La imposibilidad de capturar la totalidad de la experiencia (hermana de la clásica fórmula "asir la forma que se va" y de la "cortedad del decir") no se resuelve en la poesía de Sologuren en empresas monumentales como *La mano desasida* de Martín Adán, sino en el recurso a la brevedad y a la extrema concisión que en ningún caso corre los riesgos de la "atonía de la insignificancia" señalados por Amorós. *Corola parva* (1977) y *Haikus escritos en un amanecer de otoño* (1986) son colecciones más bien breves donde la lección del haiku japonés se manifiesta en poemas silenciosos y altamente metapoéticos cuya vivacidad descansa en la sugestión, es decir, en lo no dicho:

> La tinta en el papel.
> El pensamiento
> deja su noche. (123)

nada dejé en la página
                    salvo
                la sombra
de mi inclinada cabeza (134)

*

Duro verano:
con mi frente rocío
el papel blanco (225)

En una reflexión incluida en *Hojas de herbolario* (1992),
Sologuren razona que la diferencia entre el haiku japonés
y el poema breve no descansa en la brevedad ni en la
tripartición en versos de siete y cinco sílabas (que aparece,
por ejemplo en el viejo romancillo: "En Cañatañazor/perdió
Almanzor/el atambor"), sino en "la intensa fuerza
emocional, en el umbral de la exclamación misma, del '¡oh!'
indecible y súbito" (63) que Sologuren encuentra en el
poema de Giuseppe Ungaretti: "M' illumino/d'immenso".
La concentrada exclamación que supone el haiku necesita
—como señala Amparo Amorós— del espacio tipográfico de
la página, del mismo modo que lo necesitan aquellos poemas
que se presentan como fragmentos esparcidos en la blancura
del papel.

II. Dos versiones actuales (y opuestas) del "mundanal ruido"

El protagonismo del acto de escritura observado en los
poemas de Sologuren no se enraiza únicamente en la tradición japonesa del haiku. Obras capitales de Occidente
como *Una temporada en el infierno* (1873) de Rimbaud y, sobre
todo, *Un golpe de dados...* (1897) de Mallarmé convirtieron el

acto de escritura en un tema privilegiado permitiendo, paradójicamente, que el silencio ocupara un lugar esencial en el poema.[19] Este fenómeno —que coincide con un proceso de distinción entre la literatura y el discurso de las ideas originado a comienzos del siglo XIX— es, como lo recuerda Foucault, una de las consecuencias de la conversión del lenguaje en objeto de conocimiento y la aparición de una modalidad de lenguaje donde todo acto de creación converge sobre el simple acto de escribir:

> En el momento en que el lenguaje como palabra esparci-
> da se convierte en objeto de conocimiento, he aquí que
> reaparece como una modalidad estrictamente opuesta:
> silenciosa, cauta deposición de la palabra sobre la blan-
> cura de un papel en el que no puede tener ni sonoridad
> ni interlocutor, donde no hay otra cosa qué decir que no
> sea ella misma, no hay otra cosa qué hacer que centellear
> en el fulgor de su ser. (Foucault, 1974, 294)

Octavio Paz ha señalado que la poesía moderna es crítica y que, a partir precisamente de *Una temporada en el infierno*, "nuestros grandes poetas han hecho de la negación de la poesía la forma más alta de la poesía: sus poemas son crítica de la experiencia poética, crítica del lenguaje y el significado, crítica del poema mismo" (1979, 257). Esta observación de Paz se condice con la de Foucault y es válida para el desarrollo de la poesía hispanoamericana del modernismo

---

19. El silencio como experiencia de lo "inefable" formaba parte, desde la antigüedad, de la historia literaria. Bajo el rubro denominado "tópica de lo indecible" (*Unsagbarkeit*) Curtius ha agrupado una serie de tópicos anti-guos y medievales que se caracterizan por el hábito de insistir en la incapa-cidad de hablar dignamente sobre un tema. Curtius vincula lo indecible (una estrategia retórica entre tantas para mantener el interés al público) con el panegírico y las hagiografías, donde el hablante reconoce que no dice sino muy poco de lo mucho que quisiera expresar (231-235).

a nuestros días. Ya no se trata del silencio que hay que vencer para construir la expresión sino de integrar ese silencio y reconocer al poema como su morada. Esta alianza permite establecer con mayor claridad el correlato entre el silencio previo a la escritura y los significantes que la construyen: al provenir del silencio, estos significantes portan en sí mismos al silencio y lo instalan en el poema. Al "horror vacui" sucede el "horror pleni" y el concepto de "lucha" entre silencio y lenguaje es reemplazado por otro tal vez más conflictivo y complejo: el de la desconfianza raigal frente al valor del signo que muchas veces se manifiesta en la representación no del "simple acto de escribir", sino del deseo de escribir que se resuelve en aquello que Javier Sologuren ha llamado "el silencio mayor de la escritura" (1989, 152).

La aparición de una poética del silencio caracterizada, en muchos casos, por un malestar frente a la inflación retórica y la búsqueda de la palabra esencial se complementa con la propuesta de Guillermo Sucre, según la cual "hablar a partir de la conciencia que se tiene del silencio, es ya hablar de otro modo" (293). El poeta contemporáneo se enfrenta a las palabras con el silencio y su lucha (no su triunfo) consiste en obligarlas a aparecer "de otro modo" en el poema. Esa lucha hace que su decir sea siempre una condena, y su renuncia a ese decir una tentación. Pero entonces, ¿escribir poesía no es negarse a aceptar la "condena del silencio"? Maurice Blanchot (quien era también creador literario) responde esta interrogante con una transparente paradoja: "Fuese o no posible, escribía, pero no hablaba. Tal era el silencio de la escritura" (1990, 88). Para hacer más claro el aforismo añade: "*Guardar* silencio, esto es lo que queremos todos, sin saberlo, escribiendo" (1990, 105. Su subrayado).

A fin de cuentas, ¿el silencio desplazará a la poesía hasta hacerla desaparecer? Si constatamos objetivamente que, al margen de las profecías y desafueros apocalípticos que han decretado su extinción, todavía existen personas que escriben poemas y personas que los leen, tal vez deba plantearse la pregunta en otros términos: ¿de qué modo se vincula el silencio con la poesía contemporánea? Para George Steiner, la poesía proviene de la intensidad y los poderes purificadores del silencio frente a la corrupción moderna del lenguaje por la política, los media, el consumismo e incluso la inflación literaria. El clamor de Steiner frente a un "mundanal ruido" más amenazante y ensordecedor que el de Fray Luis lo lleva a declarar:

> Para el escritor que intuye que está en tela de juicio la condición del lenguaje, que la palabra está perdiendo algo de su genio humano, hay abiertos dos caminos, básicamente: tratar de que su propio idioma exprese la crisis general, de trasmitir de él lo precario y lo vulnerable del acto comunicativo o elegir la retórica suicida del silencio. (80)

Pero luego añade de manera significativa:

> El silencio *es* una alternativa. Cuando en la *polis* las palabras están llenas de salvajismo y de mentira, nada más resonante que el poema no escrito. (85. Su subrayado)

Si para Steiner la poesía nace en los escasos refugios de silencio, para Roland Barthes nace del inmenso ruido al que hay que arrancarle un puñado de palabras. De acuerdo con esta postura, el poema no nacería del silencio esencial sino del habla cotidiana de todos los días, del lenguaje gastado y repetido que, como lo recuerda Mallarmé, circula entre todos como una moneda corriente. En el prefacio a *Ensayos críticos* (1967) Roland Barthes recuerda que todo escritor viene al mundo lleno de lenguajes y sin agujeros para el silencio:

> ...el que quiere escribir debe saber que empieza un largo concubinato con un lenguaje que siempre es anterior. Por lo tanto, el escritor no tiene en absoluto que "arrancar" un verbo al silencio, como se dice en piadosas hagiografías literarias, sino que a la inversa, y cuanto más difícilmente, más cruelmente y menos gloriosamente, tiene que arrancar una palabra segunda del enviscamiento de las palabras primeras que le proporcionan el mundo, la Historia, su existencia, en otros términos, un inteligible preexistente a él, ya que él viene a un mundo lleno de lenguaje, y no queda nada real que no esté clasificado por los hombres: nacer no es más que encontrar ese código ya enteramente hecho y tener que adaptarse a él. (16)

Para Barthes no se trata de arrancarle palabras a un "silencio esencial", sino de ganarle un poco de silencio a un mundo lleno de lenguajes cuyo incesante barullo suprime el silencio y hace más ardua la búsqueda del poeta por lograr "inexpresar lo expresable" (1976, 16). Lejos de enfrentarse con la mítica tarea de arrancarle una palabra al silencio abisal, el deber del poeta sería arrebatarle un puñado de silencio al babélico lenguaje de la Historia.

Estas dos posturas, irreconciliables en el papel ya que suponen presupuestos doctrinarios (e incluso ideológicos) opuestos, diluyen su incompatibilidad si comprobamos que muchos poemas no tienen ningún inconveniente en ser leídos con una de las dos posturas, o incluso con ambas. Poco beneficio obtendremos de comprobar que la postura particularista de Steiner "eleva la obra literaria a un estado semi-divino de perfección inaccesible" (De Man, 316) mientras la postura semiológica de Barthes, cuyo estilo es acusado de "*chic*, neologista y juguetón" por Terry Eagleton (164), declara sin ambages que "el lenguaje es la materia misma de la literatura" (Barthes, 1985a, 39). El temor a los inconvenientes de una inconsecuencia teórica suele conducir a una voluntaria sordera respecto de reclamos de lectura que no se resuelve con un eclecticismo conciliador, sino con un necesario desprejuicio respecto de anticuados (y a veces contradictorios) aportes que son misteriosamente activados en los procedimientos de lectura y escritura. Cuando Barthes admite que "en el fondo el escritor tiene siempre la creencia de que los signos no son arbitrarios y que el nombre es una propiedad natural de la cosa" (1985a, 54), no está sugiriendo que la conciencia lingüística de los escritores se haya detenido en un momento previo a las especulaciones platónicas que enfrentaran a Cratilo con Hermógenes, sino que ese enfrentamiento se reanuda en cada acto particular de escritura-lectura, y que el escritor-lector (que tal vez haya leído con provecho a Saussure y maneje las sofisticadas especulaciones de Derrida) opta en la práctica por señalar su simpatía con Cratilo. Algo semejante ocurre si confrontamos la postura del propio Barthes con la de Steiner respecto del silencio: no sólo los lectores (y los poetas) necesitamos creer en un silencio en el que se origina la palabra, también muchos poemas demandan ser leídos *como si* provinieran de un silencio esencial que necesita ser explorado, aun cuando ellos mismos declaran, de manera explícita o implícita, la conciencia de provenir de una compleja (y muchas veces ruidosa) genealogía textual.

II

II

"EL CONFUSO PARLOTEO DE BOCAS INVISIBLES": EL SILENCIO Y EL ACTO DE CREACIÓN POÉTICA

He oído el confuso parloteo de bocas invisibles en el bosque nocturno,
y hay alguien que me persigue paso a paso
y es puro resplandor y es sólo ráfaga cuando yo lo persigo

OLGA OROZCO, *"La prueba es el silencio?"*

Esperando que un mundo sea desenterrado por el lenguaje, alguien canta el lugar en que se forma el silencio. Luego comprobará que no porque se muestre furioso existe el mar, ni tampoco el mundo. Por eso cada palabra dice lo que dice y además más y otra cosa.

ALEJANDRA PIZARNIK, *"La palabra que sana"*

ESTE CAPÍTULO está dedicado a enfocar la mecánica del silencio en el acto creativo. La dificultad de penetrar en el proceso mismo de composición textual obliga a recurrir a aquellos poemas que se proponen como una puesta en escena del proceso de escritura, es decir como su "representación dramática". Esta condición metapoética permite observar en muchos de ellos la paradójica noción del poema como fracaso y consagración del lenguaje. La invocación retórica a las Musas cobra, en este contexto, especial importancia en la medida en que reconoce el desplazamiento de sus funciones tradicionales por un silencio que hace más ardua la tarea creadora, y obliga al poeta

61

a asumir por sí solo la caza de la palabra. Otro aspecto de vital importancia es el peso de la tradición, cuya presencia se manifiesta a través de una infinidad de textos que ennegrecen la página blanca aun antes de haber sido escrita. Las relaciones entre tradición, intertextualidad y silencio en la poesía de los autores estudiados, será evaluada tomando en cuenta la distinción entre presuposiciones lógicas y pragmáticas llevadas a cabo por Jonathan Culler (1993). Por último, se ofrece un examen acerca del silencio manifestado como ausencia y/o movilización del título, cuya relación con el poema supone complejos mecanismos de filiación textual.

I.   El poema: fracaso y consagración del lenguaje

En su Prólogo al Quijote, Cervantes se describe a sí mismo "con el papel delante, la pluma en la oreja, el codo en el bufete y la mano en la mejilla", meditando acerca de sus dificultades para escribir el prólogo "que había de hacer a la historia de don Quijote" (20). Esta representación escrita del autor que no puede escribir pertenece al cuerpo de la novela más célebre de los tiempos modernos y pone, con característico humor, el dedo (o la pluma) en la llaga: sólo sirviéndose del lenguaje se puede declarar el fracaso del lenguaje. Más aún, sólo mediante el lenguaje podemos representar el momento previo a la enunciación literaria: el del aplastante silencio que activa de los mecanismos que pugnan por configurar dicha enunciación.

Esta paradoja cervantina es válida para ilustrar dos cuestiones básicas. La primera tiene que ver con la condición metaficcional del texto literario moderno y se vincula con la reflexiones de Patricia Waugh acerca del interés en los "meta" niveles del discurso como "el reflejo de una enorme conciencia en la cultura contemporánea de las funciones del lenguaje en la construcción y el mantenimiento de nuestro sentido de 'realidad'" (3. Mi traducción);[1] la segunda, con la condición del poema como fracaso y consagración del lenguaje. El hecho de que muchos poemas contemporáneos nos digan constantemente que es imposible decir ha sido abordado por los teóricos de la desconstrucción, para quienes la retoricidad libra al texto literario del engaño que practican aquellos discursos que se erigen como portadores de una verdad única. Si el texto literario (como el mencionado de Cervantes) dice algo diferente de lo que hace, entonces se "desconstruye" sólo en una operación en la que ni siquiera es necesaria la participación del crítico. La propuesta, por parte de Paul de Man y la Escuela Desconstruccionista de Yale, de una "esencia" de la literatura a partir de la comprobación de que el lenguaje literario socava constantemente su propio significado, ha hecho comentar a Terry Eagleton que "según los desconstruccionistas la literatura testifica sobre la imposibilidad de que el lenguaje pueda hacer algo que no sea hablar de su propio fracaso, a la manera de un fastidioso charlatán de cantina" (176).[2] Sin embargo, una

1. Para Waugh la metaficción es un término dado a la escritura que consciente y sistemáticamente atrae la atención sobre su status como artefacto al plantear preguntas acerca de la relación entre ficción y realidad (1-19). El delgado vínculo observado por Waugh entre el arbitrario sistema lingüístico y el mundo que en apariencia refiere, la conduce a concluir que el lenguaje de la ficción literaria, por ser precisamente un sistema independiente (es decir, un lenguaje que se "autocontiene" y genera sus propios significados), permite "explorar las relaciones entre el mundo *de* la ficción y el mundo *fuera* de la ficción" (3. Su subrayado).

2. Para un acercamiento crítico a la descontrucción ver: *Teoría literaria y deconstrucción* (Asensi, 1990), que reúne trabajos significativos de Jacques Derrida, Paul de Man, Geoffrey Hartman y Rudolphe Gasché entre otros; y *Sobre la deconstrucción* (1992) de Jonathan Culler.

declaración como la del poeta Charles Simic —"Yo deseo incluir en el poema todo lo que encuentro indecible" (citado por Kern, 36)— acaso denuncia (si es que la leemos como un programa y no como la simple expresión de su deseo) no sólo una sospechosa seguridad en sus poderes expresivos, sino una ingenua confianza en el poema para "contener" lo indecible. Esta confianza es difícilmente compartida por poetas como Emilio Adolfo Westphalen, para quien todo poema está condenado a no ser más que una empresa inútil:

POEMA INÚTIL

Empeño manco este esforzarse en juntar palabras
Que no se parecen ni a la cascada ni al remanso,
Que menos trasmiten el ajetreo del vivir.

Tal vez consiguen una máscara informe,
Sonriente complacida a todo hálito de dolor,
Inerte al desgarramiento de la pasión.

Con frases en tropel no llegan a simular
Victorias jubilosas de la sangre
O la quietud del agua sobre el suicida.

Nada dicen tampoco de la danza de amor y odio,
Alborotada, aplacada, extinta,
Ni del sueño que se ahoga, arrastrado
Por marejadas de sospecha y olvido.

Qué será el poema sino un espejo de feria,
Un espejismo lunar, una cáscara desmenuzable,
La torre falsa más triste y despreciable.

Se consume en el fuego de su impaciencia
Para dejar vestigios de silencio como única nostalgia,
Y un rubor de inexistente no exento de culpa.

Qué será el poema sino castillo derrumbado antes de
  erigido,
Inocua obra de escribano o poetastro diligente,
Una sombra que no se atreve a aniquilarse a sí misma.

Si al menos el sol, incorrupto e insaciable,
Pudiera animarlo a la vida,
Como cuando se oculta tras un rostro humano,
Los ojos abiertos y ciegos para siempre. (90-91)

Este "Poema inútil" (al igual que muchos poemas presentes en este trabajo) causa la misma sorpresa que le produjo a Bertrand Russell comprobar que Wittgenstein se las arreglaba muy bien para decir muchas cosas sobre aquello de lo que no podía decirse (22). La alusión de Russell —que proviene de la última proposición del *Tractatus*: "Donde no se puede hablar tiene uno que guardar silencio"(188)— sólo descalifica en apariencia al "Poema inútil", pues para Wittgenstein aquello de lo que no se puede hablar pertenece a la experiencia de lo místico, cuya inefabilidad no se debe a las imperfecciones del lenguaje, sino a la imposibilidad lógica. De cualquier modo, la lectura del poema, si bien testifica sobre la "imposibilidad de que el lenguaje pueda hacer algo que no sea hablar de su propio fracaso", también demuestra —como lo recuerda Javier Sologuren— "que toda subversión contra la palabra implica la vigencia del poder de la palabra", y que únicamente el silencio puede otorgar eficacia plena a dicha subversión (1977, 31). Esta misma idea está expresada en una paradoja de cuño budista de John Cage: "No tengo nada que decir, y lo estoy diciendo, y eso es poesía" (citado por Kostelanetz, 1).

En muchos casos la desconfianza frente al valor del signo convierte al poema en una incierta aventura a través de las posibilidades inéditas y siempre cambiantes del signo. En

otros, la rabia existencial ante la imposibilidad de escribir
hace el milagro de transformar la impotencia en poema.
El soneto de César Vallejo "Intensidad y Altura" (*Poemas
humanos*, 1939) es pertinente para ilustrar la aporía:

> Quiero escribir, pero me sale espuma,
> quiero decir muchísimo y me atollo;
> no hay cifra hablada que no sea suma
> no hay pirámide escrita, sin cogollo.
>
> Quiero escribir, pero me siento puma;
> quiero laurearme, pero me encebollo.
> No hay toz hablada, que no llegue a bruma,
> no hay dios ni hijo de dios, sin desarrollo.
>
> Vámonos, pues, por eso, a comer yerba,
> carne de llanto, fruta de gemido,
> nuestra alma melancólica en conserva.
>
> Vámonos! vámonos! Estoy herido;
> vámonos a beber lo ya bebido,
> vámonos, cuervo, a fecundar tu cuerva. (643)

Este poema revela con "intensidad y altura" el legítimo
deseo de escribir instalándose fuera de la tiranía del lenguaje.
Pero mientras el hablante de "Poema inútil" registra con
grave sabiduría la inutilidad del poema para *revelar* y simultáneamente *ser* el significante último, el de "Intensidad
y altura" reacciona oponiendo un poder creativo que, paradójicamente, revela su impotencia fundamental. A pesar
de esa diferencia, ambos terminan ofreciendo brillantes
sustitutos (u "objetos *a* minúscula" como los denominaría
Lacan): si bien las imágenes del poema de Westphalen
revelan por la vía negativa aquello a lo que nunca logrará
parecerse, el poema es perfectamente capaz de proponer su
propio deseo: el de parecerse a la cascada y al remanso

(dos deseos contrarios si se los mira bien) y el de trasmitir el ajetreo de vivir. Más adelante, en la tercera y cuarta estrofas, el poema se las arregla para decir aquello que dice que no puede decir: "simular / Victorias jubilosas de la sangre / O la quietud del agua sobre el suicida" o hablar sobre "la danza de amor y odio" y del sueño que se ahoga "arrastrado / Por marejadas de sospecha y olvido". Como se observa, el cúmulo de razones que argumentan contra la utilidad del poema (es decir, contra su razón de ser) es —precisamente— lo que le otorga una razón de ser. Algo semejante ocurre con las imágenes de frustración propuestas en el poema de Vallejo: organizadas en la consagrada forma del soneto endecasílabo (una demostración más de su poder creativo), ponen en escena la mecánica de la persecución del deseo y, más que revelar la frustración, revelan exitosamente la *escritura del deseo de escritura*. Pero en ambos poemas (y, por extensión, en todos aquellos que aspiran a situarse fuera del lenguaje) el objeto del deseo ejerce, desde su ausencia, una absoluta tiranía.

II. Las Musas desplazadas

La fórmula invocatoria del rapsoda homérico ("Canta, ¡oh Diosa!, la cólera del pélida Aquiles") supone la convención de que el canto pertenece en realidad a las Musas y que el poeta no es más que un simple intermediario a través del cual se manifiesta su voz. El hecho de que la invocación se transformara con el tiempo en artificio retórico no logró evitar el alivio de acceder a su privilegio ni el temor a su rechazo; por más remoto que fuera, el origen religioso de las Musas garantizaba el valor de la palabra poética como un preciado don de los dioses. Walter Muschg —quien considera que los griegos, al igual que los judíos, creían en el origen divino de la poesía— sospecha que detrás de las invocaciones homéricas a la Musa "alguna vez hubo verdaderas plegarias por la inspiración" (126). Por su parte, Ernst Curtius considera que para Homero las Musas no eran necesarias solamente como dadoras de inspiración, sino de conocimiento, pues estaban al tanto de todo lo que sucedía en el mundo (325). No viene al caso discutir si la invocación a las Musas fue piadosa en un principio y luego devino en retórica. Lo que interesa aquí es comprobar el secular temor del poeta a la falta de inspiración, al silencio causado por la esterilidad creativa.

Al arrinconar a las Musas en el desván del museo —tal vez como venganza del poeta por haber "puteado con muchos antes que él", como lo afirma no sin cierta brutalidad Harold Bloom (74)— los tiempos modernos propiciaron una orfandad de la que muchos poetas nunca pudieron reponerse. El privilegiado lugar que ocupaban las Musas se vio vacante y entre los candidatos más fuertes para encarnar ese vacío se eligió al silencio. Que el silencio sea invocado para autorizar el discurso evidencia el deseo de que el poema hable a partir de ese silencio, o que el silencio se manifieste y "hable" a través del poema. Sólo que, a diferencia de las Musas, el silencio no suele acudir con tanta rapidez ni facilidad al llamado. "Dios mudo que al silencio del hombre que pregunta contestas sólo con silencio que ahoga", se lee en un poema de Octavio Paz, donde el silencio es invocado como un "Dios insaciable" y hueco que no condesciende con la "cólera pura de los desesperados" (1988, 167-168). La ausencia de ese lejano Dios propicia el desarrollo de una retórica del silencio tal vez no demasiado novedosa, pero no por ello menos amarga. George Steiner recuerda que en medio de las ruinas de la decadencia clásica, el anónimo poeta del *Pervirgilium Veneris* había escrito que las Musas también podían callar:

perdidi musam tacendo, nec me Apollo respicit
sic Amyclas, cum tacerent, perdidit silentium
(citado por Steiner, 61-62)

Esto lo supo también Javier Sologuren, cuya "Poesía" (*Otoño, endechas*, 1959) se construye como la invocación a una cruel y desdeñosa dadora de los dones:

Poesía, no me niegues tus dones
por más tiempo. Tengo el oído atento,
los ojos despiertos, abierto el corazón.

Poesía, ¿a qué eres igual,
cuál tu gemelo, cuál tu secreto?
Si es en soledad donde tus voces se oyen,
en ella te he aguardado, solo con mi deseo.
Si el sueño es, otra cosa no he hecho
que vagar entre los signos de la noche,
llama en que me enajeno.

No. No te pareces al amor.
¿No está para siempre en mí su garra?
Diría aún a la pena o al olvido
si no fueran el pan de cada día.
Pero qué cerca estás de mi sangre
y sólo creo en el dolor haberte visto. (72-73)

¿Cómo podemos acceder a la lectura de un poema cuyo hablante, instalado en el espacio abisal del silencio, solicita los dones que le son reiteradamente negados? La paradoja del poema está presente desde el título: el término "Poesía" define tanto la invocación discursiva como la interlocutora, cuya presencia es perceptible a lo largo de dicha invocación. Pero la inquietante sordera de esta nueva Musa no se expresa únicamente en su negativa a otorgar los dones solicitados, sino en la puesta en escena del momento previo a una enunciación que tal vez no se produzca nunca y frente a la cual la disponibilidad del hablante no sirve en absoluto. En "Poesía" el silencio no alude a la ausencia de palabras, sino al desamparo que produce la dificultad de convocarlas: el temido fantasma de la esterilidad creativa.

Esta actitud se revela contraria a la de Gonzalo Rojas, quien también explicita su poética bajo la especie de una invocación al silencio:

AL SILENCIO

Oh voz, única voz: todo el hueco del mar,
todo el hueco del mar no bastaría,
todo el hueco del cielo,
toda la cavidad de la hermosura
no bastaría para contenerte,
y aunque el hombre se callara y este mundo se hundiera
oh, majestad, tú nunca,
tú nunca cesarías de estar en todas partes,
porque te sobra el tiempo y el ser, única voz,
porque estás y no estás, y eres casi mi Dios,
y casi eres mi padre cuando estoy más oscuro. (49)

A diferencia de los poemas de Paz y Sologuren, aquí el silencio no es invocado como vacío y ausencia sino como presencia y plenitud. A la paradoja de invocar al silencio con las negadas e imposibles palabras, este poema propone otra paradoja no menos sorprendente: la del silencio como emanador de la palabra poética. Lejos de concebirse como un titán dispuesto a destronar a un omnipotente y silencioso dios-padre, el hablante se sitúa en una posición reverencial ante el silencio, a quien llama "única voz", "majestad", "casi Dios", "casi padre", incontenible, inconmensurable, ubicuo.

Desde la oscuridad (equivalente en la poética de Rojas a la ausencia de escritura), el hablante expresa la necesidad de mantener el silencio esencial en la voz otorgada.

El poema de Rojas configura la puesta en escena del silencio a partir de su organización sintáctica. Alfredo Lefebvre (1987) ha observado que el efecto de demora producido por las repeticiones y gradaciones que siguen al vocativo inicial ("Oh voz, única voz: todo el hueco del mar,/ todo el hueco del mar no bastaría,/todo el hueco del cielo,/ toda la cavidad de la hermosura...") crean una expectativa respecto de un predicado que se posterga hasta el verso: "no bastaría para contenerte". Para Lefebvre estos versos proponen un "clímax ascendente" ya que al hueco del mar sucede el hueco del cielo, y a éste "toda la cavidad de la hermosura". Pero el efecto climático (cuya amplitud final será la de un espacio omnímodo incapaz de contener al silencio) se logra gracias a un doble movimiento: si por un lado la lenta respiración de la reiteraciones aumenta la amplitud de la oquedad, por el otro se posterga la información acerca de las consecuencias de ese aumento climático.

Una paradoja semejante aparece en el poema de Olga Orozco "El resto era silencio", poema pórtico de *En el revés del cielo* (1987):

Yo esperaba el dictado del silencio;
acechaba en las sombras el vuelo sorprendente del azar,
    una chispa de sol,
así como quien consulta las arenas en el desierto blanco.
Él no me respondía, tercamente abismado en su opaca
    distancia,
su desmesura helada.
Calculaba tal vez si hacer hablar al polvo fue columna y
    fue fulgor dorado
no era erigir dos veces el poder de la muerte,

o si nombrar enigmas al acecho y visiones que llevan a
  otros cielos
no era fundar dos veces lo improbable, como en la vida
  misma.
Quizás siguiera el juego de unos dados que no terminan
  nunca de caer,
que giran como mundos extraviados en el vacío inmenso.
Yo aventuraba voces de llamada en la bruma,
sílabas que volvían tal como la paloma del diluvio volvió
  por primera vez al Arca,
balbuceos deshabitados hasta nadie, hasta salir de mí.
Él crecía entre tanto a costa mía y a expensas de la
  Historia,
amordazando al tiempo, devorando migaja por migaja la
  creación.
Era todos los nombres y era el tigre,
el color del crepúsculo, los mares, el templo de Segesta, las
  tormentas.
Denso como la noche, contra la noche muda me acosaba.
Y ya no había más. Éramos, él y yo.
¿No fue entonces extraño que de pronto lo viera casi como
  al Escriba,
remoto, ensimismado, frente al papel desnudo,
con los ojos abiertos hacia su propio fuego sofocado
y la oreja tendida hacia el sermón del viento y el salmo de
  la nieve?
Había una sentencia en su página blanca,
un áspero dictado caído en lo alto hasta su mano:
"Y haz que sólo el silencio sea su palabra". (1987, 9-10)

Más que a la tradición shakesperiana evocada por el
título, el poema se entronca con una tradición que se remonta
a *La Divina Comedia*. Curtius ha observado que en el "Infer-
no" el poeta invoca a las Musas sirviéndose de fórmulas
provenientes de las epopeyas antiguas ("Háblame, oh Musa,
del hombre..."), para luego invocar al espíritu del poeta y
la escritura:

O muse, o alto ingegno, or m'aiutate;
o mente che scrivesti ciò ch'io vidi,
qui si parrà la tua nobilitate. (19)

La convivencia de la formulación retórica tradicional con la novedosa invocación a la escritura es explicada por Curtius en estos términos:

> Alto ingegno designa la facultad intelectual del poeta... mente, aquí como en muchos otros lugares, su memoria. Escribir poesía, es, pues, copiar la escritura original consignada en el libro de la memoria ...El poeta es a la vez escritor y copista... "anota" lo que Amor le "dicta". (461)

Del mismo modo que para Dante, para Olga Orozco escribir poesía es también *copiar* la escritura original, sólo que se trata de una escritura perdida que es ilusorio buscar. A la hablante sólo le queda esperar el dictado, no de Amor que es benevolente y generoso, sino del silencio que es indiferente y mudo. Los veintiséis versos que describen la espera suponen la verbalización de un silencio expectante al que tenemos acceso en tanto *voyeurs* privilegiados del deseo: sabemos que las palabras que leemos no son el poema, sino el revés de un silencio cargado de palabras sobre las cuales es pertinente esta paradoja de Blanchot: "Habla de espera, quizá silenciosa, pero que no deja aparte silencio y decir y ya hace del silencio un decir, que ya dice en el silencio el decir que es el silencio. Porque no calla el silencio mortal" (1990, 56).

El dictado —que, al igual que el Dios bíblico, sólo se manifiesta en símbolos, metáforas o paradojas (la zarza ardiendo, "Yo soy el que soy")— aparece como un escriba que tiene en su regazo la página blanca con la esperada sentencia, tan reveladora como desconcertante: "Y haz que sólo el

silencio sea su palabra". La identificación de este silencio
con la sabiduría eterna y trascendente se diluye al comprobar que la voz de la revelación jamás podrá resolver
las incertidumbres de la espera. El comienzo *in medias res*
de la sentencia señala su relación con un discurso prece-
dente, pero este discurso no lo constituyen los veintiséis
versos anteriores, sino una serie de admoniciones presu-
puestas y no textualizadas que habitan un espacio de
silencio paralelo al poema que estamos leyendo. No es
aventurado, entonces, postular que el poema *es* dicha
sentencia (es decir, el dictado del silencio que la hablante
esperaba) y los veintiséis versos anteriores la tensa espera
que se sitúa —como el poema de Sologuren— en el silencio
previo a la enunciación.

Esta interpretación permite leer el poema como una de
las variaciones del concepto que Lucien Dällenbach (1989)
ha estudiado bajo el nombre de *mise en abyme*: un poema
que se encuentra dentro de la obra y constituye su clave
cifrada (su "espejo" textual), ya que reproduce en escala
reducida su sistema de composición.[3] Del mismo modo que
este poema está compuesto por veintisiete versos, el último
de los cuáles lo ocupa la esperada sentencia, el libro está
compuesto por veintisiete poemas, el último de los cuales
(titulado "En el final era el verbo") se erige como una ampliación especular de dicha sentencia. O, si se quiere, como la
aparición del Verbo luego de una intensa búsqueda en el
desértico y majestuoso desierto que configuran los veintiséis

---

3. En el prefacio a *The Mirror in the Text*, Dällenbach propone una definición
preliminar del complejo y escurridizo concepto de "mise en abyme" acudiendo
a los términos propuestos por André Gide: "Una *mise en abyme* es cualquier
aspecto inscrito en una obra que ofrece una similaridad con el trabajo que lo
contiene". Dällenbach especula que aquello que Gide tenía en mente debió haber
sido una fascinación "por la imagen de un escudo que contiene, en su centro,
una réplica en miniatura de sí mismo" (1989, 8. Mi traducción).

poemas anteriores. George Steiner ha observado que si bien San Juan nos dijo que en el principio era la Palabra, no nos daba a cambio "garantía alguna sobre el final" (34). Esta observación, que apunta a denunciar el carácter esencialmente verbal de la civilización judeo-cristiana y nuestra incapacidad para situarnos fuera del acto del discurso, admite una réplica a partir de los desesperanzados poemas de Orozco: en el final también está el verbo, pero un verbo radicalmente distinto al que había antes del poema, un verbo con más silencios que callar.

La sentencia del escriba admite también una lectura metalingüística: el silencio *debe ser* la palabra "silencio". Esta lectura encierra una sutil paradoja que revela, una vez más, la imposibilidad de situarse fuera del lenguaje; "la palabra silencio" como frase es un oxímoron, pero "silencio" como palabra es un signo, es decir, una presencia como cualquier otra en el sintagma, salvo por una notabilísima particularidad: detrás de ella, o se anula radicalmente el murmullo de las palabras desplazadas, o se escucha con ensordecedora insistencia el murmullo de todas. El imperativo de la sentencia conduce a imaginar un monstruoso y absurdo poema que repite *ad infinitum* la palabra "silencio" sin saber si alude al vacío frustrante o a la esperada iluminación. La página blanca del escriba sería, entonces, el modelo preceptivo de otra página que reclama no la ausencia del signo, sino la presencia del signo que nombra la ausencia.

Esta reflexión es válida para la lectura del poema 2 de *mutatis mutandis* (1954) de Jorge Eduardo Eielson, donde no sólo las Musas se encuentran desplazadas, sino que el silencio (que en el poema de Orozco asume la máscara de un remoto Escriba) asume la cualidad de un signo matemático que representa el vacío y la ausencia, pero también lo incalculable e infinito, el cero:

cifra sin fin cifra sin
fin cifra que nunca
principia
cantidad esplendente
cero encendido
dime tú por qué
dime dónde cuándo cómo
cuál es el hilo ciego
que se quema entre mis dedos
y por qué los cielos claros
y mis ojos cerrados
y por qué la arena toda
bajo mi calzado
y por qué entre rayos sólo
entre rayos me despierto
entre rayos me acuesto (226)

El vínculo etimológico entre *cifra* (palabra que ha llegado
a nosotros a través del vocablo árabe "sifr", que significa
vacío o exento de cantidad) y *cero* es subrayado por el
hablante al reconocer su infinitud en la intencionada reiteración del vocativo. A la cualidad inconmensurable de esta
"cifra sin fin" (que guarda semejanzas de magnitud con el
silencio tal como es invocado en el poema de Rojas) se
añaden otras no menos relevantes: misterio y oscuridad,
suma y compendio, brevedad y reducción. De manera
análoga a la reiteración de la palabra *silencio* en la página
blanca del Escriba en "El resto era silencio", decir *cifra* es
decir todos los números y ninguno: círculo cerrado y
perfecto cuyos bordes encierran un silencioso e insondable
abismo.[4]

4. En el poema "cero" de *Tema y variaciones* (1950) de Eielson, el cero ya
aparecía como el amenazante y mudo contenedor de misterios y antinomias.
Reproduzco los últimos versos: "doble cero carnicero rojo y verde/alegre y triste
labios y ojos/sólo cero y siempre y nunca cero/cero cero cero cero cero/y yo
aún y tú aún y todo y nada/y noche y sol y tierra y cielo cero/cero cero cero
cero cero cero cero" (161)

La celosa posesión de un conocimiento que se niega al hablante convierte a la cifra en una suerte de Esfinge tan indiferente y muda como la "Poesía" invocada en el poema de Sologuren. Si se recuerda que en la tradición clásica la Esfinge era portadora de misteriosos enigmas que debían resolverse bajo el riesgo de ser estrangulados y devorados (Edipo des-cifró la adivinanza de la Esfinge), se comprenderá más claramente su relación con el vocativo del poema. La dramática secuencia de preguntas incontestadas diseña el espacio de soledad laberíntica que ahoga y atormenta al hablante ("el hilo ciego" alude tanto al hilo de Ariadna, como a la pérdida del hilo discursivo); pero, al igual que ocurre en los poemas comentados de Sologuren, Rojas y Orozco, estas preguntas e invocaciones diseñan un espacio paralelo de silencio que es consustancial al poema: el espacio de las respuestas que no se producirán nunca.

III. Rumor del silencio y caza de la palabra

En una entrevista de 1989 Javier Sologuren confesaba la génesis de su proceso creativo en estos términos:

A mí se me presenta la prefiguración del poema como un malestar. Yo ya sé, después de tantos años, captarlo. Sé que si no me pongo ante un papel voy a seguir sintiendo ese malestar. Sé también que lo importante es el primer verso. Una vez que está listo —a veces aparece como una forma melódica, vacía, sin palabras—, este primer verso va dirigiendo la escritura: las palabras se van acoplando alrededor de él, como si fuera un imán. Esta es la difícil labor de ir seleccionando palabras. La tan mentada búsqueda de la palabra. Es un estado tan lúcido, un momento que dura lo que dura la escritura del poema y que luego acaba, pues somos seres humanos y no podemos estar en permanente estado de poesía. (Entrevista con Tumi, 56)

¿Es silencio lo que hay en el vacío a llenar en la secuencia sintagmática o, por el contrario, es un murmullo continuo causado por el devenir incesante de los términos del paradigma que pugnan por ser elegidos? Octavio Paz ha contestado espléndidamente esta pregunta en *Los trabajos del poeta*: "El silencio está lleno de ruidos —me digo— y lo que oyes no lo oyes de verdad. Oyes al silencio" (1988, 229). En ese mismo texto, Paz aborda el proceso de selección de la palabra en estos términos:

> Ronda, se insinúa, se acerca, se aleja, vuelve de puntillas y, si alargo la mano, desaparece, una Palabra. Sólo distingo su cresta orgullosa: Cri. ¿Cristo, cristal, crimen, Crimea, crítica, Cristina, criterio? Y zarpa de mi frente una piragua, con un hombro armado de una lanza. La leve y frágil embarcación corta veloz las olas negras, las oleadas de sangre negra de mis sienes. Y se aleja hacia adentro. El cazador-pescador escruta la masa sombría y anubarrada del horizonte, henchido de amenazas, hunde los ojos sagaces en la rencorosa espuma, aguza el oído, olfatea. A veces cruza la oscuridad un destello vivaz, un aletazo verde y escamado. Es el Cri, que sale un momento al aire, respira y se sumerge de nuevo en las profundidades. El cazador sopla el cuerno que lleva atado al pecho, pero su enlutado mugido se pierde en el desierto de agua. No hay nadie en el inmenso lago salado. Y está muy lejos la playa rocallosa, muy lejos de las débiles luces de las casuchas de sus compañeros. De cuando en cuando el Cri reaparece, deja ver su aleta nefasta y se hunde. El remero fascinado lo sigue, hacia dentro, cada vez más hacia adentro. (1979, 174)

Los murmullos de los componentes del paradigma ("Cristo", "Crimea", "Cristina", "criterio", etc.) pugnan por ocupar el privilegiado espacio blanco de un sintagma que es silencioso, pero no vacío: la selección opera por la certeza de que *existe* una misteriosa y elusiva "Cri" que debe ser atrapada por el cazador-pescador en el acto creativo. Debe observarse, además, que el poema que propone el espacio sintagmático donde irá a fijarse la palabra cuya cresta es "Cri" no existe más que como referencia en el mismo relato: *Los trabajos del poeta* dan cuenta de lo que ocurre en el proceso de composición del poema, pero no debe olvidarse que se trata del poema del proceso, no del proceso del poema. Por obvia que parezca esta observación es útil para comprobar que el poema, si bien no está antecedido por un silencio esencial donde nada ocurre, se constituye como un lugar privilegiado para poner en escena los complejos mecanismos de pre-enunciación que activa el lenguaje.

Al instalarse en el momento pre-enunciativo, el poema es libre de elegir su escenografía, la misma que estará estrechamente relacionada con su poética particular. Roberto Juarroz, por ejemplo, la define de este modo:

Hago un pozo
para buscar una palabra enterrada.
Si la encuentro,
la palabra cerrará el pozo.
Si no la encuentro,
el pozo quedará cerrado para siempre en mi voz.

La búsqueda de lo enterrado
supone adoptar los vacíos que fracasan (1993, 302)

Al poeta cazador-pescador de Paz, Juarroz opone el poeta minero que excava las simas subterráneas en busca de aquella palabra que oculta el silencioso murmullo del paradigma. "La palabra enterrada" supone, a diferencia de la insinuante "Cri", el desconocimiento total de la palabra a buscarse y una exposición más peligrosa a los vacíos del desencuentro. Pero en ambos casos la búsqueda se revela como un deseo: la "represión primaria" (que, de acuerdo con Lacan, va pareja con la represión de los signos) condena también al poeta al movimiento interminable de un significante a otro. La inexistencia de un "significante final" y de aquel objeto que hemos perdido para siempre (pero que los poetas desean nombrar sin intermediarios verbales) se revela en la insatisfacción del deseo que se constituye como un doloroso tránsito del mundo "metafórico" del espejo al mundo "metonímico" del lenguaje; es decir, del mundo unificado y regido por la identidad y la presencia a la cadena infinita de significantes donde no podrán estar presentes ni las personas ni las cosas, como lo expresa amargamente el poema "En esta noche, en este mundo" (*Textos de sombra y últimos poemas*, 1982) de Alejandra Pizarnik:

en esta noche, en este mundo
las palabras del sueño de la infancia de la muerte
nunca es eso lo que uno quiere decir
la lengua natal castra
la lengua es un órgano de conocimiento
del fracaso de todo poema
castrado por su propia lengua
que es el órgano de la re-creación
del re-conocimiento
pero no el de la resurrección
de algo a modo de negación
de mi horizonte de maldoror con su perro
y nada es promesa
entre lo decible
que equivale a mentir
(todo lo que se puede decir es mentira)

el resto es silencio
sólo que el silencio no existe

no
las palabras
no hacen el amor
hacen la ausencia
si digo agua ¿beberé?
si digo pan ¿comeré?
en esta noche en este mundo
extraordinario silencio el de esta noche
lo que pasa con el alma es que no se ve
lo que pasa con la mente es que no se ve
¿de dónde viene esa conspiración de invisibilidades?
ninguna palabra es visible

sombras
recintos viscosos donde se oculta
la piedra de la locura
corredores negros
los he recorrido todos
¡oh quédate un poco más entre nosotros!. . . . (63-64)

La propuesta no es novedosa: el deseo de integrarse a la unidad perdida (llámese éter, cosmos, silencio, muerte o amniosis) la encontramos en la poesía romántica y modernista que Pizarnik debe haber leído con provecho. Lo sorprendente en este caso es el diseño de una estética a partir de ese deseo y la conversión de esa estética en un programa vital (y mortal) que la poeta cumplirá rigurosamente.[5] La práctica constante del desprendimiento verbal y la terca voluntad de hacer hablar al silencio no

5. Se sabe que poco antes de morir, Alejandra Pizarnik elaboró con Antonio Beyneto y Martha Moia una antología personal cuyo título —*El deseo de la palabra*— es también una declaratoria de ese programa. El libro salió a la luz en la editorial Ocnos de Barcelona en 1975.

impiden, sin embargo, que sea mediante el lenguaje que
pueda expresarse la insatisfacción y el deseo ("Deseaba un
silencio perfecto. Por eso hablo"). La dura acusación del
poema contra las palabras que deshabitan "el palacio del
lenguaje" está muy cerca a la paradoja de Jean Baudrillard,
según la cual el sujeto sólo puede desear mientras que el
objeto sólo puede seducir. Se trata de una de las
"estrategias fatales", cuyo secreto Baudrillard explica de
este modo:

> el objeto no cree en su propio deseo, el objeto no vive de
> la ilusión de su propio deseo, el objeto carece de deseo.
> No cree que nada le pertenezca en propiedad, y no cul-
> tiva ninguna fantasía de reapropiación ni de autonomía.
> No intenta basarse en una naturaleza propia, ni siquiera
> la del deseo, sino que, de repente, no conoce la alteridad
> y es inalienable. No está dividido en sí mismo, cosa que
> es el destino del sujeto, y no conoce el estadio del espejo,
> con lo que acabaría por confundirse con su propio ima-
> ginario. (124)

Esta definición del objeto como seductor desafiante
implica necesariamente una desvaloración del sujeto, enca-
denado para siempre al deseo de un objeto unificado y
soberano. Obsérvese que podría llevarse a cabo una caracterización de la hablante de los poemas de Alejandra
Pizarnik a partir de la negación de los atributos del objeto
tal como los define Baudrillard: cree y vive de la ilusión
de su propio deseo, cree que nada le pertenece en propiedad
y cultiva fantasías de reapropiación y autonomía, intenta
basarse en una naturaleza propia, conoce los riesgos de la
alteridad y es alienable. Por último, está dividida en sí misma
y está poseída por la nostalgia de la fase del espejo en la
que, de acuerdo con Lacan, el niño descubre que ante él
se presenta reflejada una imagen agradablemente unificada

de sí mismo dando lugar a una borrosa diferenciación entre objeto y sujeto (Lacan, 1977, 1-7).[6] En casi todos los poemas de Alejandra Pizarnik, la poeta-hablante se muestra como una sujeto deseante presa de su propio deseo. Consciente de que no puede haber una satisfacción a ese deseo porque no hay un significante final ni un objeto que puedan ser aquello que ha perdido para siempre, buscará en la muerte la recuperación de la unidad perdida que reclama en el poema "En esta noche, en este mundo": un espacio donde el lenguaje será absolutamente innecesario porque el deseo estaría cumplido.

El fracaso del lenguaje (que, como se ha observado, revela también su consagración) denuncia la fragilidad de un orden donde los signos han abandonado el reino de la metáfora que restablece la unidad perdida para convertirse en entidades arbitrarias, intercambiables y en rotación permanente. A esta fragilidad alude el poema "caso nominativo" (*Tema y variaciones*, 1950) de Jorge Eduardo Eielson:

> todavía no todavía
> el cielo se llama cielo
> el perro perro
> el gato gato
> todavía mi nombre es jorge
>
> ¿pero mañana
> cuando me llame perro
> el perro jorge
> el gato cielo
> el cielo gato?
>
> ¿mañana
> cuando mi pierna se llame brazo

6. Para una definición comentada de la fase del espejo según Lacan ver Laplanche-Pontalis (146-148) y Dör (90-101)

tu brazo boca
tu boca ombligo
tu ombligo nada? (148)

Tras la inofensiva acepción gramatical del título se
oculta la reveladora ironía que denuncia y sanciona el poder
del discurso oficial como garantía de una realidad inamo-
vible y consagrada. Si, como reconocía Barthes, "nombrar
es sujetar" (1992, 108), en "caso nominativo" asistimos a
la renuncia de tal sujeción y a la inutilidad que supone
intentarlo. En este sentido, el poema revela con ascético
humor la conciencia del "mundo vacío del lenguaje"
(Lacan), y al mismo tiempo ilustra una reflexión sobre el
orden discontinuo de las cosas tal como lo plantea Foucault:

> La discontinuidad —el hecho de que en unos cuantos
> años quizá una cultura deje de pensar como lo había
> hecho hasta entonces y se ponga a pensar en otra cosa y
> de manera diferente— se abre sin duda sobre una erosión
> del exterior, sobre este espacio que, para el pensamiento,
> está del otro lado, pero sobre el cual no ha dejado de
> pensar desde su origen (1974, 57).

La rotación de los signos y su permanente intercam-
biabilidad es heredera de la teoría simbolista de las correspondencias, pero al mismo tiempo su más radical negación.
Detrás de las correspondencias se advierte, después de todo,
un orden opuesto al instaurado por el racionalismo del siglo
XVIII: el orden de la armonía universal en nombre del cual
hablaron románticos y simbolistas primero, modernistas y
surrealistas después. Si ese otro orden demandaba del poeta
su conversión en vidente (Baudelaire), o la sacralización del
peligroso desorden del espíritu (Rimbaud) ahora, rebajado
a la imposibilidad de la videncia y expulsado del orden
sagrado, el poeta interroga los signos sin obtener de ellos

respuesta alguna. La caza de la palabra carece de hilo conductor porque los vasos comunicantes se han roto para siempre.

Esta situación —que decreta la caducidad de la estética simbolista y abre las puertas al "mundo vacío del lenguaje"— se manifesta en la poesía de Olga Orozco como la trágica revelación de las incapacidades del poeta para acceder a la videncia: "No entendemos el sentido del viento ni sabemos leer en las constelaciones", lamenta la hablante del poema "Grandes maniobras" (1987, 41); en un pasaje de "Punto de referencia" habla de "certezas como cifras esculpidas en humo" (1987, 101), y en "En el final era el verbo" confiesa: "Y yo que me cobijaba en las palabras como en los pliegues de la revelación" (1987, 113). La constante presencia de los mitos clásicos no tiene, en la poesía de Olga Orozco, un valor exclusivamente retórico: apela obsesivamente a ellos aun sabiendo que en nuestros días su operatividad simbólica carece absolutamente de funcionamiento. Este continuo interrogar al discurso mítico no se resuelve en la parodia ni en la conciliadora relectura, sino en una reescritura trágica y altamente dramatizada que socava sus fundamentos más arraigados, como ocurre en el poema "Penélope" (*En el revés del cielo*, 1987), que narra el mito homérico bajo el punto de vista de la esposa del héroe; o en "La Sibila de Cumas", extenso poema donde escuchamos la amarga confesión de la pitonisa cuya investidura la condena, paradójicamente, a ser la voz que los demás consultan:

. . . .
Ahora soy apenas una borra de sangre,
    un harapo estrujado, un mísero pellejo que alcanza
        solamente para insecto,

y zumbo mi profecía en esta jaula como un ave agorera
roída por la plaga.
Pero esta misma boca que habló por las cien bocas de la
gruta con la voz del oráculo
adelantó capítulos enteros de la Historia,
anunció la manzana, el rapto y el incendio que arrasaron
a Troya,
predijo el esplendor y la caída de Roma, la pomposa, la
recién llegada.
Estos ojos sin lágrimas, que únicamente van hacia adelante,
contemplaron nacer y morir las dinastías, el Fénix, las
montañas,
y hasta vieron un día hundirse en el ocaso la caravana de
los dioses griegos . . . . (1987, 74)

Si el acento trágico recorre la poesía de Orozco, los
últimos poemas de Westphalen simulan aceptar la locura que
supone la dislocante rotación de los signos, como ocurre en
"Al socaire del diván (de Segismundo)" (*Nueva serie*, 1984):

En la encrucijada de asociaciones si al decir campana
replica pelota y en pos de higo aparece cornamusa acaso
fuera prudente dar aciertos por equívocos y barajar de
nuevo el naipe. Más aun cuando la sierpe degenera en
banderín de circo y una montgolfiera se declara histérica
irreconocible. El sapiente no distingue nada cierto aunque barrunte bloqueo asistemático hechizo de palabras
canje de hechos por deshechos. ¿No habrá entonces
modo de detener rehilete de burla rodando tapiz persano
entre estertores de consternación y aplauso? (136).

La ironía que supone recurrir al diván psicoanalítico
como la panacea para desentrañar el "canje de hechos por
deshechos" delata una postura escéptica frente a una realidad que, si parece comportarse como la chistera del mago,
sólo encuentra sustento en el cambio y la incertidumbre.
El sapiente, incapaz de distinguir "la encrucijada de las

asociaciones", se transforma en un moderno y atribulado Segismundo (nombre que alude significativamente a Freud y al personaje de *La vida es sueño*) a quien sólo le queda "dar aciertos por equívocos y barajar de nuevo el naipe". En los poemas de Jorge Eduardo Eielson, en cambio, la rotación de los signos conduce a un escepticismo radical frente a los poderes de la literatura para cantar eventos tan trascendentales y en apariencia tan definitivos como la muerte:

> inútil que te llore ahora
> si más tarde tu cadáver
> se convertirá en bala
> la bala en soldado
> el soldado en plomo
> el plomo en pescado
>
> inútil que te llore ahora
> si más tarde el agua
> se convertirá en pescado
> el pescado en plomo
> el plomo en soldado
> el soldado en bala
> la bala en cadáver (159).

Lejos de celebrar la muerte en los términos consagrados por la tradición elegiaca —que exige, además del llanto, una elogiosa evocación de la vida—, el hablante de este poema titulado "metamorfosis" (*Tema y variaciones*, 1950) celebra la inutilidad de dicho esfuerzo, limitándose a registrar, en una parodia del discurso silogístico, las caprichosas transformaciones de un cadáver del que ni siquiera se menciona su nombre. El punto de apoyo que necesita el poema para producir la reversibilidad de las transformaciones lo constituye el silencio. Situado en el centro mismo del poema, ese silencio no sólo marca anafóricamente el proceso de las metamorfosis, sino que propicia la simetría especular entre la primera estrofa y la segunda. De este modo, la argumentación de la que se vale el hablante para justificar la inutilidad del llanto se encuentra sobredeterminada por el diseño icónico del mensaje: la rotación de los signos que inicia con la conversión del cadáver en bala sólo puede culminar, luego de las transformaciones debidas, con la conversión de la bala en cadáver.

IV. El peso de la tradición

El peso de la cultura literaria, como lo han señalado desde perspectivas diferentes Roland Barthes y Jorge Luis Borges, forma parte del "mundanal ruido" del cual el poeta intenta evadirse, buscando en el silencio un refugio deseado, pero demasiado difícil de alcanzar. No es necesario volver a invocar los nombres de Hölderlin y Rimbaud para cifrar los numerosos ejemplos de heroicidad, locura y abandono que ofrece la historia de la poesía contemporánea. Para muchos poetas, la búsqueda del silencio es un imperativo semejante al que rige la condena de Sísifo: aspiran a la creación de un poema que sea en sí mismo el silencio perfecto, aun cuando saben que cualquier empeño es, como lo recuerda el "Poema inútil" de Westphalen, una empresa destinada al fracaso.

Pero, al igual que los esfuerzos de Sísifo, estos fracasos no impiden los arduos recomienzos ni la posibilidad de renovar el proceso de búsqueda. Si la poesía de Roberto Juarroz aboga por prescindir del alfabeto para liberar las cosas ("Desbautizar el mundo,/sacrificar el nombre de las cosas/para ganar su presencia" (1987, 112)), la de Gonzalo Rojas propone el libre ejercicio de la imaginación y la inocencia como antídoto contra los riesgos de la "mucha lectura":

ESCRITO CON L

Mucha lectura envejece la imaginación
del ojo, suelta todas las abejas pero mata el zumbido
de lo invisible, corre, crece
tentacular, se arrastra, sube al vacío
del vacío, en nombre
del conocimiento, pulpo
de tinta, paraliza la figura del sol
que hay en nosotros, nos
viciosamente mancha.

Mucha lectura entristece, mucha envilece
                                    apestamos
a viejos, los griegos
eran los jóvenes, somos nosotros los turbios
como si los papiros dijeran algo distinto al ángel del aire:
somos nosotros los soberbios, ellos eran inocentes
nosotros los del mosquerío, ellos eran los sabios.

Mucha lectura envejece la imaginación
del ojo, suelta todas las abejas, pero mata el zumbido
de lo invisible, acaba
no tanto con la L de la famosa lucidez
sino con esa otra L
de la libertad,
de la locura
que ilumina lo hondo
de lo lúgubre,
del laberinto,
      lambda
            loca
                  luciérnaga
antes del fósforo, mucho antes
del latido
del Logos. (98)

A propósito de este poema, Hilda R. May recuerda las recomendaciones de André Breton en su *Manifiesto* de 1924: "Si el silencio amenaza, debido a que habéis cometido una falta, falta que podemos llamar 'falta de inatención', interrumpid sin la menor vacilación la frase demasiado clara. A continuación de la palabra que os parezca de origen sospechoso poned una letra cualquiera, la letra L, y al imponer esta inicial a la palabra siguiente conseguiréis que vuelva a imperar la arbitrariedad" (Citado por May, 332). Las recomendaciones de Breton tienen una gran semejanza con la "regla fundamental" formulada por Freud, que propone romper repentinamente el silencio —y con él todos los hábitos inhibidores de lo moral, lo social y (¿por qué no?) lo retórico— para arrojar la palabra a una suerte de "vacío no programado".[7] En el caso de la poesía de Gonzalo Rojas, estas recomendaciones no se resuelven en la obsesiva búsqueda de la creación *ex nihilo*, ni tampoco en el deseo de una originalidad absoluta. La tiranía de la "mucha lectura" impide la imaginación del ojo porque lo priva de la posibilidad de ver el mundo de manera inocente, es decir, desprovisto de las continuas capas geológicas de literatura que cada escritor-lector lleva consigo; de este modo, el poema nos recuerda que casi nunca vemos lo que creemos ver, sino un lenguaje (o múltiples lenguajes) sobre los cuales se vuelve continuamente a leer-escribir algo.

"Escrito con L" no nos invita a romper el silencio, sino a ver el mundo mediante la recuperación del silencio primordial situado antes de "la palabra creadora y ordenadora, que pone en movimiento y legisla" (Zambrano, 1987,

---

7. Para una definición de la "regla fundamental" ver Laplanche-Pontalis (355-356). Sobre la relación entre regla fundamental y silencio ver Audouard (131-141).

14). La aspiración a situarse fuera de la legislación del Logos para respirar la inocencia de un mundo desalfabetizado es un guiño surrealista que descubre el utópico sueño del primer creador del lenguaje; sueño que de ninguna manera impide la valoración de motivos consagrados por la retórica tradicional, aun cuando hayan sido dejados de lado en nombre de una supuesta modernización literaria. Si en el poema 23 de *Árbol de Diana* (1962) de Alejandra Pizarnik leemos "la rebelión consiste en mirar una rosa/hasta pulverizarse los ojos" (212) y en "A rose is a rose" de Blanca Varela la rosa "infesta la poesía/con su arcaico perfume" (1987, 98), en el poema de Gonzalo Rojas "Adiós a Hölderlin" (*El alumbrado*, 1986) el hablante lamenta no poder hablar de la rosa sin vergüenza:

> Ya no se dice oh rosa, ni
> apenas rosa sino con vergüenza; ¿con vergüenza
> a qué? ¿a exagerar
> unos pétalos, la
> hermosura de unos pétalos?
>
> Serpiente se dice en todas las lenguas, eso
> es lo que se dice, serpiente
> para traducir mariposa porque también la
> frágil está proscrita
> del paraíso. Computador
> se dice con soltura en las fiestas. Computador
> por pensamiento. Lira ¿qué será
> lira? ¿hubo
> alguna vez algo parecido
> a una lira? . . . . (196)

Uno de los remedios más socorridos en la poesía hispanoamericana es el recurso al prosaísmo que se confronta, en el interior del poema, con las imposiciones de la retórica.

En esta confrontación lo prosaico no sólo se lleva la mejor parte, sino que se propone como verdad (o, por lo menos, como "sinceridad") frente a la deformación retórica, e ironiza contra los poderes de la tradición. Esta confrontación está presente en el poema "Entre los cangrejos muertos ha muchos días" (*Canto ceremonial contra un oso hormiguero*, 1968) de Antonio Cisneros:

> Mi cama tiene cinco kilómetros de ancho —o de largo—
>   y de largo
> —o de ancho, depende, si me tumbo con los pies
> hacia las colinas o hacia el mar— unos catorce.
> Iba a seguir "ahora estoy desnudo" y no es verdad,
> llevo un traje de baño, de los viejos, con la hebilla oxidada.
> Y cuando el lomo de la arena se enfría bajo el mío
> ruedo hacia el costado
> donde la arena es blanda y caliente todavía, y otra vez
> sobre mi largo pellejo rueda el sol. (86)

La declaración del verso 4 ("Iba a seguir 'ahora estoy desnudo'") y su inmediato desmentido ("y no es verdad") es una puesta en escena de los peligros de la tentación retórica: el hablante se sitúa frente al mar y elabora un discurso sobre la costa peruana, convertida en una larga y angosta "cama" que limita con el mar (el océano Pacífico) y las colinas (la cordillera de los Andes). La escenografía del poema —que indica la enorme conciencia de una "literariedad" que amenaza con apoderarse del discurso— se presta para inscribirlo en una tradición marina donde la desnudez es un elemento retórico imprescindible. Lejos de neutralizar la amenaza con el silencio, el hablante sigue el camino contrario: la dice, y al decirla la denuncia, dejando en evidencia sus solapados mecanismos de poder. Esta opción cuenta con la ventaja de proponer como "literaria" la confrontación prosaica (el traje de baño con la hebilla oxidada posee tanta o más dignidad literaria que la desnudez), pero tiene el inconveniente de propiciar otra retórica tan amenazante como la anterior.

De manera semejante, un breve poema de *naturaleza muerta* (1958) de Jorge Eduardo Eielson arruina en tres versos la mitología creada a partir del consagrado espacio de silencio donde germina el poema:

> En el silencio de la noche encantada
> Hay un olor a excremento y un pedazo de lata
> Que me corta un zapato (244)

Aquí también se trata de una confrontación entre lo prosaico y las imposiciones de la retórica (en este caso la prestigiosa retórica del silencio), pero también de una deliberada voluntad de "despoetizar" el poema a partir del reconocimiento de las expectativas que otorgan al acto creativo un aura sagrada y trascendente. La escenografía nocturna y encantada que propone el primer verso está cargada de presuposiciones pragmáticas que movilizan la espera de las grandes revelaciones que preceden al silencio esencial. El violento giro que supone la presencia del anticlimático "olor a excremento" y del "pedazo de lata" nos recuerda que estamos frente a una construcción verbal cuyo diseño necesita de la complicidad del lector para hacerse efectiva. Dicho de otro modo: la demolición de las expectativas que el poema lleva a cabo sólo es posible si el lector —de quien se espera, paradójicamente, un enorme entrenamiento literario— lee en el primer verso la activación de un complejo arsenal de convenciones estilísticas que los versos siguientes se encargarán de desmontar.

Pero el camino opuesto también es posible. En el poema de Javier Sologuren titulado "El pan" (*La gruta de la sirena*, 1961), la consagración de lo prosaico no supone

necesariamente el triunfo de las imposiciones de la retórica,
sino la obligatoria redefinición de sus alcances:

> Oigo, leo, aquí, allá:
> no estamos para cisnes
> del plumaje que fueren,
> para rosas no estamos,
> aunque embriagadoras;
> ni menos para sueños
> de amor ni madrigales;
> estamos por el pan
> nuestro y necesario,
> más albo y más ilustre
> que blasonados cisnes,
> más que todas las rosas
> suave apretado, cálido.
> (Recuerdo a Éluard, repito:
> *para todos pan*
> *para todos rosas*).
> Digo, escribo: el pan
> nuestro
> sueño de cada día. (94)

Este poema escenifica la vieja y siempre actualizada
polémica entre la tradición retórica y la apuesta por la
desrretorización —llevada a cabo por la llamada "poesía
social"— a partir del ennoblecimiento de un símbolo más
cotidiano y menos privilegiado por la literatura. La inmediata asociación de las rosas y el cisne con la belleza es un
argumento en contra, ya que la sobredimensión literaria los
convierte, de acuerdo con sus detractores, en tema de preocupaciones inútiles o, por lo menos, no comprometidas con
el reclamo de una justa redistribución de los bienes de sub-
sistencia. La poetización de esos bienes (cuya tradición en
la poesía hispanoamericana se remonta a la *Odas elementales*
de Pablo Neruda (1954)) obedece a una demanda social que

tiende a menospreciar aquello que tradicionalmente se ha entendido por belleza para proponer una valoración de los objetos más elementales y sencillos. El conflicto entre una cotidianidad libre de las asechanzas de la retórica y una belleza no comprometida (que refleja una oposición entre dos modos distintos de concebir el quehacer poético) es denunciado por el hablante, quien no sólo se muestra escéptico frente a la posibilidad de mantener intacta la virginidad del objeto cantado, sino que demuestra que, por el simple hecho de ser cantado, todo objeto se impregna de valores (o desvalores) consagrados por tradiciones discursivas previas.

En la primera parte del poema, el hablante simula aceptar los argumentos de sus detractores presentándolos de manera objetiva (lo que oye y lee en todas partes): ni las rosas alabadas por románticos soñadores, ni los cisnes cantados por modernistas pasados de moda, sino el pan. Pero un pan ennoblecido con los mismos términos que consagraron al cisne y a las rosas ("más albo y más ilustre/que blasonados cisnes,/más que todas las rosas/suave apretado, cálido"). El adverbio "más" adquiere en estos versos un carácter sutilmente irónico: ¿se trata de liberarse de la retórica, o de reemplazarla por otra más militante, pero incapaz de ennoblecer en términos novedosos sus propios símbolos? Los versos citados de Éluard (poeta surrealista y, en su momento, militante del Partido Comunista francés) son apropiados por el hablante no en términos de una reconciliación de oposiciones, sino de una potente denuncia contra una sociedad que ha hecho de las rosas y el pan el imposible sueño de cada día.

En la segunda parte del poema, el hablante da un imperceptible y a la vez radical giro a su discurso: si en los trece primeros versos reproduce la argumentación de sus detractores, en la segunda ofrece su conclusión, anunciada previamente por los versos de Éluard: "Digo, escribo: el pan/ nuestro/sueño de cada día". Obsérvese que, al ser el único no heptasílabo del conjunto, el penúltimo verso crea un interludio de lectura en el espacio vacío que lo prolonga. Este vacío denuncia la ausencia del pan deseado y genera expectativas respecto de un enunciado trunco cuyo completamiento invoca la conocida frase del "Padrenuestro" (otra tradición discursiva presente en el poema). Esta incorporación, sin embargo, no es exacta, ya que al incluir la palabra "sueño" —ausente en el pre-texto original— modifica la pertenencia anunciada por el posesivo: lo "nuestro" no es el pan de cada día, sino el sueño (el deseo) de un pan que diariamente se nos niega.

Otra opción no menos válida es la de poetizar a partir de la imposibilidad de desasirse del peso de la tradición, de la "mucha lectura" que arruina de antemano el poema y motiva la queja de Enrique Lihn: "Cuánta palabra en cada cosa / qué exceso de retórica hasta en la última hormiga" (1969, 71). La crítica a la poesía desde la poesía —practicada con variantes en las obras de Nicanor Parra, Blanca Varela, Enrique Lihn y José Emilio Pacheco— tiene una fuerte tradición en la poesía hispanoamericana:

LA MALEZA Y LA SOMBRA

En torno de una idea original
arroja su maleza la retórica
su óxido fatigado la repetición
su tormenta de vaho el paso en falso

En torno de una idea original
hay una muchedumbre de lugares comunes

frases mal construidas expresiones
que no ajustaron con el pensamiento

En torno de una idea original
crece la sombra y la aridez se agolpa (146)

No es difícil reconocer en este poema de José Emilio Pacheco caracteres de composición deliberadamente literarios e incluso retóricos motivados por el uso predominante del endecasílabo y el empleo del refrán. Si aceptamos la etimología de "refrán" como *refractus* ("broken back" o "rebroken") como sugiere John Hollander (1985), observaremos la multiplicidad de sentidos que cobra el verso inicial que se repite en cada estrofa. Las observaciones de Hollander sobre el refrán se cumplen en este poema de manera puntual: rompe el desarrollo o desdoblamiento del texto, lo reúne y lo refrena, lo corta y al mismo tiempo lo continúa, participa en una dialéctica de memoria y anticipación, y cumple, por último, la función de enraizar el poema en la autoconciencia retórica, convirtiéndolo en un artefacto susceptible de ser ampliado por una infinita secuencia de aperturas anunciadas por el refrán. A pesar de estas particularidades que lo inscriben en una larga tradición que viene del romancero, de este poema (y en general de la obra de Pacheco) se puede decir lo que Guillermo Sucre ha observado sobre la poesía de Enrique Lihn:

> [En este poeta] se da con extrema agudeza lo que Barthes llama "la fatalidad del signo literario": el escritor no puede trazar una palabra sin que ésta tome la manera o la pose de un lenguaje ya hecho. De este modo, su poesía engendra en sí misma su propio enemigo: una conciencia que se autodevora y, rehuyendo todo drama, no puede evitar el patetismo de expresarlo. (Sucre, 281)

Tanto en la poesía de Lihn como en la de Pacheco, ese patetismo está lleno de autoironía y parodia. También de un necesario deslinde respecto de los inútiles riesgos de la negación frontal de la tradición, como lo sugiere la cuidadosa estructura de "La maleza y su sombra", o este fragmento de "Si se ha de escribir correctamente poesía" (*Antología al azar*, 1981) de Enrique Lihn:

. . . .
Si se ha de escribir correctamente poesía
en cualquier caso hay que tomarlo con calma.
Lo primero de todo: sentarse y madurar.
El odio prematuro a la literatura
puede ser de utilidad para no pasar en el ejército
por maricón, pero el mismo Rimbaud
que probó que la odiaba fue un ratón de biblioteca,
y esa náusea gloriosa le vino de roerla. . . . (1981, 16)

Esta actitud es heredera de la lección aprendida en el creacionismo de Vicente Huidobro, tal vez la negación hispanoamericana más radical al arte como servidor mimético de la naturaleza y continuador pasivo de la tradición. Estas observaciones insisten en un aspecto muy importante que no se debe perder de vista: aunque declare en la superficie lo contrario, la creación poética no se supone a sí misma como una creación *ex nihilo*, sino como un deseo de suprimir (negando, ignorando, parodiando, sublimando) su genealogía textual.

¿Por qué a pesar de la tiranía de la retórica y de sus malos (y buenos) hábitos se persiste en la escritura poética?, ¿por qué son tan difíciles de seguir las opciones de un Rimbaud, de un Lautréamont o de un Hölderlin? Tal vez porque todo poema (incluso aquellos que lamentan ser la repetición de los "mil poemas" que quieren evitar) necesita del olvido de los poemas anteriores. El poema es una máquina que activa en cada verso su genealogía textual, pero es también una poderosa máquina de olvidar cuyo mecanismo se asemeja a la citada metáfora de Mallarmé sobre el uso común del lenguaje: una moneda cuyo anverso y reverso se han borrado y que la gente circula de mano en mano y en silencio. Esta voluntaria amnesia es necesaria no sólo para el mantenimiento del sistema literario ("poesía es a condición de olvido" recuerda un verso de Xavier Abril), sino también para activar genealogías retrospectivas, como bien lo supo Borges al sostener que los poetas creaban sus propios precursores; o para olvidar incluso al silencio, como lo supo Roberto Juarroz:

Cada poema hace olvidar al anterior,
borra la historia de todos los poemas,
borra su propia historia
y hasta borra la historia del hombre
para ganar un rostro de palabras
que el abismo no borre.

También cada palabra del poema
hace olvidar a la anterior,
se desafilia un momento
del tronco multiforme del lenguaje
y después se reencuentra con las otras palabras
para cumplir el rito imprescindible
de inaugurar otro lenguaje.

Y también cada silencio del poema
hace olvidar al anterior
entra en la gran amnesia del poema
y va envolviendo palabra por palabra,
hasta salir después y envolver el poema
como una capa protectora
que lo preserva de otros decires . . . . (1988, 85)

V. Intertextualidad y silencio. Presuposiciones
lógicas y pragmáticas

La tradición y el silencio operan de manera conjunta en el acto creativo, llegando muchas veces a confundirse. El "silencio esencial" previo a la escritura alterna con el sordo murmullo de una tradición que pugna por hacerse presente en el poema y hacerlo participar en el espacio discursivo de una cultura (Culler, 1993, 103). Ese "confuso parloteo de bocas invisibles" —que nos recuerda que todo lo que se puede decir ya se ha dicho— paraliza el nuevo texto o lo estimula, pero de ambos modos le otorga filiación con aquellos que lo preceden y a los cuales modifica y transforma. Si, como sostiene Julia Kristeva, la intertextualidad es la suma de conocimiento que hace posible que los textos tengan significado, y todo texto literario es una "escritura-réplica de otro(s) texto(s)" (I, 1981, 187-191, 135-237), está claro que lo que está en juego no es el rastreo de las fuentes ni la obsesiva búsqueda de influencias, sino el proceso de transformación y diálogo que el poema establece con aquellos que lo preceden, y aun con aquellos que lo continúan.[8]

___

8. Julia Kristeva puntualiza esta idea: "El término intertextualidad denota esta transposición de uno o varios sistemas de signos a otro; pero debido a que este término se ha entendido casi siempre en un sentido banal de 'estudio de fuentes', preferimos el término *transposición*, que posee la ventaja de precisar que el desplazamiento de un sistema de signos a otro exige una nueva articulación de la thetica — de la posicionalidad enunciativa y denotativa. Si se admite que toda práctica significante es un campo de transposiciones de varios sistemas significantes (una intertextualidad), se comprende que el 'lugar' de enunciación y su 'objeto' denotado nunca son simples, completos, ni idénticos a sí mismos, sino siempre plurales, fragmentados, susceptibles de ser tabulados. En este sentido, la polisemia puede ser vista igualmente como el resultado de una polivalencia semiótica, de una adherencia a diferentes sistemas de significación" (1974, 59-60. Mi traducción).

Jonathan Culler, quien ha dedicado excelentes páginas al tema, coincide con las propuestas de Armantrout y Amorós, cuando observa que los comienzos "in medias res" programan nuestra lectura como un intento de descubrir elementos del pre-texto (1993, 115). Si para Amorós se trata de una de las maneras en las que el silencio se hace oír en un poema, para Armantrout supone una relación con algo no dicho, una realidad ausente y externa, pero que está presente en función de la experiencia propuesta por el poema mismo. Esa "realidad ausente y externa" no es otra cosa que el pre-texto que puede ser evocado por medio de la "y" inicial, como ocurre en la primera parte del poema "Celia" (*Oscuro*, 1977) de Gonzalo Rojas:

> Y nada de lágrimas; esta mujer que cierran hoy
> en su transparencia, ésta que guardan
> en la litera ciega del muro
> de cemento, como loca encadenada
> al catre cruel en el dormitorio sin aire, sin
> barquero ni barca, entre desconocidos sin rostro, ésta
> es
> únicamente la
> Única
> que nos tuvo a todos en el cielo
> de su preñez.
> *Alabado*
> *sea su vientre.* (115)

Si bien el poema se inscribe en una larga tradición elegíaca y recurre tanto a la reminiscencia mitológica como al lenguaje litúrgico, no tenemos más acceso al pre-texto que el permitido por las presuposiciones. ¿Qué parte del enunciado inicial se ha suprimido?, ¿por qué no se debe llorar?, ¿qué relación tenía el hablante con esta mujer que "cierran" hoy? Responder estas preguntas conduce a explorar la escena inmediatamente anterior que el poema suprime y silencia. Esa escena silenciada sin embargo *existe*, y tiene para el lector un carácter de texto ya leído. Como lo advierte Culler:

> Nosotros podemos o no encontrar en poemas previos oraciones similares a las presupuestas, pero eso no es lo fundamental. Ellas funcionan como ya leídas; ellas se presentan a sí mismas como ya leídas en virtud del simple hecho de que están presupuestas. (1993, 114. Mi traducción)

Un caso muy particular de presuposición lo ofrece el poema de Eielson titulado "Westphalen dice", donde el pretexto está anunciado desde el título y donde la cita ocupa el cuerpo central:

Westphalen dice:

Y me he callado como si las palabras no me fueran a llenar la
   vida
Y ya no me quedara más que ofrecerte
Me he callado porque el silencio pone más cerca los labios
Porque sólo el silencio sabe detener a la muerte en los umbrales
Porque sólo el silencio sabe darse a la muerte sin reservas

A semejante silencio:

¿Qué puedo yo agregar sino silencio
Y además silencio
Y más silencio
Tan sólo silencio? (1977, 21-22)

En este poema parece cumplirse de manera puntual la noción de *collage* tal como la define Severo Sarduy (1972, 177): el "texto extranjero" (en este caso el fragmento del poema "Te he seguido..." de Westphalen) se incorpora a la superficie del poema de Eielson produciendo una forma elemental de diálogo sin que "la voz se altere". En efecto, los versos del pre-texto —que se proponen como la admirada experiencia de silencio que marca los límites expresivos del hablante— señalan la inutilidad de cualquier intento de glosa, modificación o paráfrasis, pues están formulados de tal modo que no admiten otra actitud que no sea la de callar con ese mismo silencio, haciéndolo suyo. Ese respetuoso acto de apropiación (que cumple con anunciar el origen de los versos citados y diferenciarlos de los otros mediante el empleo de cursivas) revela, sin embargo, un sutil programa de modificaciones que se hace explícito en la última estrofa. La pregunta final, que en apariencia subraya la renuncia del hablante a glosar el silencio de Westphalen, no sólo incluye su propia respuesta sino que se da el lujo de reiterar la clave de las modificaciones realizadas. Los cuatro "silencios" que el hablante agrega a los versos citados están presentes: 1. en la totalidad del pre-texto evocado por la "y" inicial; 2. en los espacios vacíos que diseñan el marco donde se inserta la cita; 3. en la ausencia de respuesta a la pregunta del hablante; 4. en las cuatro "silencios" de la última estrofa que se agregan *efectivamente* al que "dice" Westphalen; "silencios" que no se comportan como la ausencia del signo, sino como la reiterada presencia del signo que nombra la ausencia.

La ironía que se oculta bajo la superficie del poema de Eielson altera el sentido de los versos citados, pues la apropiación del hablante produce el trastrocamiento de las personas implicadas: si el hablante de "Westphalen dice" enuncia los versos del hablante de "Te he seguido...", éste pasa a ser el interlocutor de sus propios versos, y de este

modo le son devueltos. Pero hay más. La recontextualización de los versos citados redefine la alegoría del amor
como búsqueda de la creación poética que el pre-texto
propone: la mujer-poema del texto de Westphalen es reemplazada por la figura del poeta venerado ante el cual nada
es posible decir que no sea declararle, en silencio, sus
propias palabras.

"Sobre un poema de Rubén Darío" (*Textos de sombra y
últimos poemas*, 1982) de Alejandra Pizarnik declara también
desde el título su filiación con el pre-texto. Sólo que en este
caso no se trata de la ironía que supone la incorporación
del "texto extranjero", sino la reescritura o la prolongación
del texto consagrado. La preposición "sobre" que aparece en
el título pone en funcionamiento los mecanismos de filiación
textual, pues revela tanto la voluntad de presentar el poema
como una glosa u homenaje al poema de Darío, como la
de inscribir su texto *sobre* el pre-texto, en cuyo caso esta-
ríamos frente a un caso de palimpsesto flagrante:

Sentada en el fondo de un lago.
Ha perdido la sombra,
no los deseos de ser, de perder.
Está sola con sus imágenes.
Vestida de rojo, no mira.

¿Quién ha llegado a este lugar
al que siempre nadie llega?
El señor de las muertes de rojo.
El enmascarado por su cara sin rostro
El que llegó en su busca la lleva sin él.

Vestida de negro, ella mira.
La que no supo morirse de amor y por eso nada
    aprendió.
Ella está triste porque no está. (52)

Como se habrá advertido, el pre-texto no es otro que la célebre "Sonatina", tal vez el poema más utilizado para ejemplificar el preciosismo y la perfección formal de Rubén Darío. En el poema de Alejandra Pizarnik, la princesa triste "de la boca de fresa" se transforma en una mujer innominada, vestida de rojo (y luego de negro) que no supo morirse de amor. Se trata de una recreación "negra" y existencial de la princesa de "Sonatina", o de la misma princesa instalada en un presente desprovisto de belleza que impide la elaboración de un poema tan rico en cualidades retóricas y sonoras como el de Darío. El palimpsesto que supone el poema de Pizarnik funciona, a la vez, como la desengañada continuación de la historia narrada en "Sonatina": la princesa se dispuso a esperar al feliz caballero, pero en vez del "vencedor de la Muerte" llegó "el señor de las muertes de rojo" propiciando la soledad y la desesperanza. La identificación de la hablante con la princesa se establece mediante la utilización típicamente modernista de los colores para reflejar los cambios del estado de ánimo y los producidos por el paso del tiempo: el tránsito del rojo al negro indica el tránsito de la indolencia caprichosa de la princesa de Darío al desolado luto de la princesa de Pizarnik, también el luto por una estética admirada, pero inoperante.

Jonathan Culler (1993) ha explorado las posibilidades de analogía con la literatura que ofrece el concepto lingüístico de presuposición, que —como se ha comprobado en los poemas de Rojas, Eielson y Pizarnik— funciona como un poderoso operador intertextual.[9] Culler propone

---

9. Para una definición lingüística de presuposición ver *Dire et ne pas dire* (1972) y *El decir y lo dicho* (1984) de Oswald Drucot, y el capítulo "Presuppositions" de *The Limits of Interpretation* de Umberto Eco (1994, 222-262).

distinguir entre presuposiciones lógicas y pragmáticas. Sobre las primeras señala que "son mejor concebidas como presuposiciones de una oración" cuyo sentido no cambia cuando se niega dicha oración (1993, 111).[10] La construcción iterativa del primer verso de "El helicóptero" (*Oscuro*, 1977) de Gonzalo Rojas ofrece un ejemplo: cuando el hablante dice "Ahí anda de nuevo el helicóptero dándole vueltas y vueltas a la casa" (110) el lector presupone que no se trata de la primera vez que el mismo helicóptero da vueltas alrededor de la casa. Esta presuposición —que es estrictamente lógica— activa la lectura del poema y le otorga sentido al temor del hablante. Del mismo modo, los versos del poema "El otro lado" de Olga Orozco, "No logras acertar con el lugar,/aunque te asista el sol y desciendan los cielos" (1987, 105), sitúan al lector en relación a un pre-texto que presupone la existencia de una persona interesada en acertar, tal vez desde hace mucho tiempo, con dicho lugar y que ha invocado para ese fin el auxilio del sol y los cielos. Que el empleo de la segunda persona presuponga una apelación al lector en la ardua búsqueda que propone el poema, o que la inútil invocación al sol y a los cielos presuponga la incapacidad de leer el Libro de la Naturaleza son intuiciones que provienen del relato propuesto por los poemas anteriores y no encajan en rigor en la caracterización de "lógicas".

Respecto de las presuposiciones pragmáticas (que también llama "literarias" o "retóricas"), Culler observa que

---

10. La negación de una oración no debe significar la negación de sus presuposiciones. Si digo por ejemplo: "Me alegra que Pedro y María hayan contraído matrimonio", la presuposición ("Pedro y María han contraído matrimonio") no se encuentra negada en la forma negativa "No me alegra que Pedro y María hayan contraído matrimonio".

una oración pobre en presuposiciones lógicas puede ser muy rica en presuposiciones pragmáticas, y ofrece como ejemplo la fórmula "Hace mucho tiempo vivía un rey cuya hija...", que inscribe la historia en una serie de otras historias identificadas por una convención de género. Para Culler la ausencia de presuposiciones lógicas en una oración es un poderoso operador intertextual que saca a la luz ocultos resortes de interpretación:

> Si nosotros pensamos en este tipo de caso, veremos que existen varios caminos por los cuales las presuposiciones pragmáticas o literarias son señaladas y producidas por elementos o construcciones que portan presuposiciones no lógicas. Por ejemplo, en muchos casos las presuposiciones lógicas de proposiciones negativas y positivas son las mismas, pero retórica, pragmática y literalmente, las negaciones son más ricas en presuposiciones. (1993, 115. Mi traducción)

Esta situación se plantea en el poema "elegía blasfema para los que viven en el barrio de san pedro y no tienen qué comer" (*habitación en roma*, 1954) de Jorge Eduardo Eielson:

> señores míos
> por favor
> traten de comprender
> detrás de esa pared tan blanca
> no hay nada
> pero nada . . . .

Enunciar que detrás de esa pared blanca "no hay nada" presupone el convencimiento por parte de los interlocutores de que sí hay "algo" y moviliza, tal vez de manera inconsciente, los diversos significados que la tradición simbólica atribuye al muro. Juan-Eduardo Cirlot recuerda que para el sistema jeroglífico egipcio se trata de un símbolo determinante que trasmite la idea de "elevar sobre el nivel común" (representado en este caso por los "señores míos" a los que se dirige el hablante), mientras que en otras culturas el muro posee significados simbólicos asociados con la impotencia, la retención y el límite que divide y aísla para siempre dos mundos distintos (Cirlot, 31). La argumentación desplegada por el hablante se sirve de ambos sentidos simbólicos para construir las ricas y múltiples posibilidades de lo que no hay, configurando, mediante el empleo del subjuntivo y el potencial, las expectativas de los "señores míos":

. . . .
pero que detrás de esa pared tan blanca
circule un animal tan fabuloso
arrastrando según dicen
siempre radiante
siempre enjoyado
un manto de cristal siempre encendido
y que su vivir sea tan brillante
que ni la vejez
ni la soledad
amenacen su plumaje
no lo creo
ni puedo concebir tampoco
que además sea invisible . . . .

La amplitud del poema intensifica la presuposición inicial e incurre en una flagrante aporía: describiendo lo que no hay detrás de esa misteriosa pared nos trasmite, con lujo de detalles, las expectativas de aquellos que creen que hay algo. El poema, que se presenta a sí mismo como una argumentación, se construye como la paradójica plenitud de la ausencia. O, si se quiere, como una hermosa burbuja vacía:

. . . .
no señores míos
créanme realmente
detrás de esa pared tan blanca
no hay nada
pero nada
una criatura tan perfecta además
no podría vivir encerrada
toda una eternidad
en un lugar tan hediondo
no podría vivir
alimentándose tan sólo
de su propio cuerpo luminoso
cómodamente tendido
en la gran pompa celeste
como si se tratara
de una espléndida ramera ya cansada
llena de mil hijos de mil padres olvidados bajo un ceni-
     cero
o una postal de san pedro (169-171)

El poema admite una lectura metapoética. Ese muro
blanco detrás del cual no hay nada es el poema mismo que
se sabe vaciado de todo referente (y todo significado) y que
sólo puede existir en la precariedad de las presuposiciones
de terceros. La muerte del significado, anunciada en la naturaleza elegíaca del título, revela el deseo de los otros de que
tras la pared (tras el poema) haya algo. El hablante, entonces,
no sólo desmonta ese deseo sino que se desmonta a sí mismo
como presunto poseedor de la verdad acerca de aquello que
se oculta tras la pared. Este proceso de desmontaje construye
las visiones del deseo, propiciando lo que Slavoj Žižek llama
"el falso reconocimiento" (87-103) a partir del cual surge la
única verdad posible: tras esa pared sólo hay lo que el deseo
de los otros introduzca.

VI. Elegía, intertextualidad y autorrepresentación

La particular situación que plantea la elegía pone sobre el tapete dos problemas de singular interés en estas reflexiones. El primero tiene que ver con la presencia/ausencia del sujeto invocado en el poema, el segundo con la intertextualidad. En las elegías tradicionales el personaje evocado no suele ser sujeto de la enunciación poética, sino sujeto del enunciado, es decir, el objeto del discurso de otro. Ésta no es una regla general, pues es posible que el poema admita que los personajes evocados sean dueños de su propio discurso, el mismo que muchas veces les fue negado en vida.

Ambas modalidades elegíacas (la del personaje evocado como sujeto del enunciado y como sujeto de la enunciación) se combinan en un libro de Olga Orozco titulado *Las muertes* (1952). Los diecisiete monólogos que componen este libro provienen de discursos literarios y pictóricos reconocibles a partir de los epígrafes que acompañan cada título ("Maldoror" tiene un epígrafe de los *Cantos*, "Gail Hightower" de *Luz de Agosto*, "Miss Havisham" de *Grandes ilusiones*). Lejos de anunciar ejercicios de estilo, estos epígrafes ayudan a comprender el sentido de ciertas frases incrustadas en el texto y hechas suyas por la hablante. En el poema "Bartleby", por ejemplo, se repite con ligeras variantes la frase "desearía no hacerlo", la única que pronuncia el turbador personaje de Melville en el pre-texto homónimo. De este modo es posible acceder a la comprensión de sus más tenaces silencios:

Nadie supo quién fue.
Nunca estuvo más cerca de los hombres que de los
    mudos signos.

Él hubiera podido enumerar los días que soportó vestido
   de gris desesperanza,
o describir siquiera la sombra de los sueños sobre el muro
   vacío.
Mas prefirió no hacerlo.
Nos queda solamente la mascarilla pálida,
la mirada serena con que eludió el llamado de todos los
   destinos,
la imagen de su muerte desoladoramente semejante a su
   vida.
No queremos pensar que fue parte en nosotros,
que fue nuestra constancia a las pacientes leyes que
   ignoramos.
Todos hemos sentido alguna vez la pavorosa y ciega
   soledad del planeta,
y hasta el fondo del alma rueda entonces la piedrecilla
   cruel,
conmoviendo un misterio más grande que nosotros.
¡Oh Dios! ¿es preciso saber que no podemos interpretar las
   cifras inscriptas en el muro?
¿Es preciso que aullemos como perros perdidos en la
   noche o que seamos Bartleby con los brazos cruzados?
Preferimos no hacerlo.
Preferimos creer que Bartleby fue sólo memoria de
   consuelos, de perdón, de esperanzas que llegaron muy
   tarde para los que se fueron;
testigo de un gran fuego donde ardió la promesa de un
   tiempo que no vino.
No será ese cielo. En otro nos veremos.
Él estará también pálidamente absorto contemplando la
   otra cara del muro.
Deberá recordar una por una todas las cartas muertas.
Pero acaso aun entonces él prefiera no hacerlo. (66)

   La tendencia de la poesía de Olga Orozco a dar voz
a personajes habitualmente condenados a la parquedad o
al silencio (ya observada en "Penélope" y en "La Sibila de
Cumas"), permite a los lectores trasgredir la censura impuesta sobre estos sujetos y convertirse en *voyeurs* de sus

confesiones más íntimas, como ocurre en "James Wait" y "Andelprutz" (personajes de El negro del Narcissus de Joseph Conrad y de Cuentos de un soñador de Lord Dunsany, respectivamente), donde los personajes evocados son sujetos de la enunciación poética:

Yo, James Wait,
hijo del miedo y la impostura,
tenía un cofre con monedas y un infame secreto.
Las monedas resonarán al paso de Donkin, el astuto
emisario de mi muerte,
y el secreto me rozará la cara por los siglos como una
rama seca.
¿Dónde está el verdadero James Wait? . . . . (68)

Mi nombre es Andelprutz,
infortunada hija de Akla muerta en cautiverio.
Treinta guirnaldas fueron en mi frente la promesa y el
llanto de mi madre.
Treinta guirnaldas fueron los treinta aniversarios en que
el conquistador velaba iluminando por la luz de su
espada.
Tan sólo mi locura
—ese árbol ardiendo entre la selva helada—
proclamó la caída de la última noche . . . . (69)

Tanto el renegado Wait como la condenada Andelprutz tienen en estos poemas la oportunidad de dar una versión de sus propios silencios, diseñando no sólo una compleja comunidad intertextual con los relatos de donde provienen, sino también una proyección de "los exasperados rostros de nuestra vida", como lo afirma el poema liminar ("Las muertes" 66) y lo ratifica el último, titulado significativamente "Olga Orozco". En este poema la poeta-hablante se propone como un personaje más del panteón "donde nunca ha resonado el golpe tormentoso de la piel de lagarto" y

plantea una tercera modalidad que compromete nominal-
mente a la autora: la autoelegía.

> Yo, Olga Orozco, desde tu corazón digo a todos que
> muero.
> Amé la soledad, la heroica perduración de toda fe,
> el ocio donde crecen animales extraños y plantas
> fabulosas,
> la sombra de un gran tiempo que pasó entre misterios y
> entre alucinaciones,
> y también el pequeño temblor de las bujías en el ano-
> checer.
> Mi historia está en mis manos y en las manos con que
> otros las tatuaron.
> De mi estadía quedan las magias y los ritos,
> unas fechas gastadas por el soplo de un despiadado
> amor,
> la humareda distante de la casa donde nunca estuvimos,
> y unos gestos dispersos entre los gestos de otros que no
> me conocieron . . . . (77)

En este poema, la poeta-hablante no construye su discurso desde una muerte consumada como la de Bartleby,
Wait o Anzelprutz, sino desde el acto mismo de morir. Tal
vez por esa razón, la hablante se niega a perpetuarse a través
de sus méritos, influencias o descendientes, ofreciendo en
cambio una despedida con cierto sabor testamentario. Esta
situación convierte a "Olga Orozco" en una personaje más
del registro literario que presenta *Las muertes*; vale decir, una
personaje cuya existencia sólo es comprobable en el registro
de la textualidad invocada. Ahora bien, si la hablante está
presente en el texto como sujeto y objeto de su propio
discurso, ¿cuál es el pre-texto literario del cual proviene? La
ausencia de epígrafe indica que dicho discurso es la ampliación de un pre-texto cuya existencia no está registrada
en ningún libro (salvo en el que lo contiene), y también

el reconocimiento de la disociación definitiva entre autora y hablante. Este reconocimiento, que prueba la ausencia original del sujeto de escritura, prueba también que la hablante no es sino presencia pura, ya que su existencia sólo es posible en tanto discurso. No se está sugiriendo que el poema sea necesariamente una ficción divorciada de las vivencias personales de Olga Orozco, sino que es a partir del discurso poético que la hablante adquiere carta de presencia y que, incluso a pesar de la utilización de su nombre, es una instancia textual cuya vida (y muerte) pertenece al discurso.

Esta distinción se hace más compleja en los poemas de Alejandra Pizarnik, donde se observa una continua y angustiante necesidad de situarse fuera del discurso, necesidad que va pareja con una lucha tendiente a no disociar a la autora de la hablante. En un ensayo dedicado a Antonin Artaud, Pizarnik se refiere a Nerval, Hölderlin, Lautréamont y Rimbaud como poetas "que tienen en común el haber anulado —o querido anular— la distancia que la sociedad obliga a establecer entre la poesía y la vida" (1992, 4). Esta declaración puede ser leída como un programa que la misma Pizarnik intentará llevar a cabo a lo largo de su obra. Sólo que en ese empeño su principal enemigo no fue la sociedad, sino el lenguaje. ¿Cómo escribir sobre sí misma sin someterse a la tiranía de convertirse en su mismo objeto de escritura? O, preguntado de otra manera, ¿cómo evitar que la escritura se convierta en un espejo que le revele una irresoluble alteridad? Si en la mayoría de los poemas de Pizarnik la poeta-hablante insiste en dialogar consigo misma es porque se reconoce como interlocutora, y porque en este reconocimiento se diseña el espacio que la transporta imaginariamente fuera del discurso. Tal vez el poema que exprese de manera más desgarrada este desdoblamiento sea el titulado "Sólo un nombre" (*La última inocencia,* 1956):

> alejandra alejandra
> debajo estoy yo
> alejandra
> (1992, 31)

Este breve poema puede ser leído como el llamado a un nombre que aparentemente se le ha desprendido y dejado de pertenecerle. En este sentido la reiteración del nombre en el primer verso ("alejandra alejandra") funciona como una apelación, mientras en el tercer verso funciona más bien como afirmación definitoria ("debajo estoy yo/alejandra"). La pregunta que surge inmediatamente es ¿debajo de qué esta situada la hablante? Si se tuviera que dotar al poema de una escenografía dramática, podría imaginarse un soporte físico sobre el cual está inscrito el nombre (una lápida, la carátula de un libro) y una hablante situada debajo de ese soporte. Esta escenografía permite imaginar la situación comunicativa propuesta: la hablante (convertida en puro significado) llama la atención de su significante leyéndolo (invocándolo, conjurándolo) en voz alta, sin recibir respuesta alguna. A diferencia del poema "Olga Orozco", donde el vínculo autora/hablante se resuelve del lado de la disociación, el de Pizarnik propone un diálogo imposible donde la hablante se dirige no a sí misma, sino al significante con el que ha sido identificada toda su vida y que ahora se encuentra convertido en discurso o, como lo señala el título, en "sólo un nombre".

VII. Ausencia de título o el poema sin nombre

Los títulos de los poemas, como los de cualquier obra literaria, están muchas veces cargados de presuposiciones que programan la lectura. A diferencia de la relación arbitraria entre significante y significado que conforman el signo lingüístico saussuriano, entre el título y el poema existe una compleja red de motivaciones que van desde aquellos títulos que cifran el poema hasta aquellos que deliberadamente se proponen despistar y confundir al lector. Michael Riffaterre (1978, 6-13) ha analizado cómo el simbolismo del poema "In Deserto" de Théophile Gautier se articula en torno a la omisión de la primera parte de la sentencia que supone el título; el elemento silenciado moviliza en el lector el código cultural cifrado en la locución latina "Vox clamans in deserto" y evita, de paso, una interpretación meramente descriptiva de las sierras españolas a las que el poema alude.

Títulos como "Penélope", "El resto era silencio", "Amor ch'a nullo amato perdona" (Olga Orozco) o "Aleph, aleph", "Tan callando", "De lo que acontesçió al Arcipreste con la sserrana" (Gonzalo Rojas) anuncian de manera transparente su filiación textual: Homero, Shakespeare y Dante en el caso de los poemas de Orozco; Borges, Manrique y Juan Ruiz en los de Rojas. Si el proceso de "escritura-réplica" al que alude Kristeva (I, 1981, 235) se revela y anuncia de manera condensada en el título, es al poema a quien le corresponde establecer las pautas del diálogo con los pre-textos para su transformación consecuente.

El sordo murmullo de la tradición que paraliza y a la vez estimula el texto puede ser parcialmente neutralizado e incluso retardado con la obliteración del título. En estos casos, la ausencia de los contenidos anticipadores conduce directamente al poema y funciona como un espacio vacío que es inmediatamente ocupado por el silencio. Este proceso —como bien lo sabía Mallarmé— ordena callar al título que ocupa un lugar jerárquico de la página y "habla demasiado alto" ensordeciendo el poema. Jacques Derrida observa en esta imposición de silencio un acto de resistencia a la autoridad del título; pero también invita a observar, tomando prestada la metáfora de Mallarmé, la blancura significante que rodea al título y lo convierte en la suspendida "araña" que cuelga en el extremo superior de la página y brilla sobre la escena textual (Derrida, 268-276).

Esta imposición de silencio ocurre en los poemas de *Las ínsulas extrañas* y *Abolición de la muerte* de Emilio Adolfo Westphalen, cuyos editores, por lo general, han optado por presentar a modo de título un fragmento del primer verso, contraviniendo de este modo la convicción del poeta:

> Los poemas de *Las ínsulas* y *Abolición* carecen todos de título y aquí será pertinente una aclaración. En general los poemas no los necesitan. Los que uno pone en ocasión de releerlos — luego que han adquirido forma propia — son una réplica consciente a lo expresado involuntariamente — una manera personal de ponerlos en duda o —con más frecuencia— un intento pobre o fallido de resumir o describir el contenido. Por ello lo he evitado en lo posible. (Westphalen, 1987, 46)

En los dos libros mencionados el silencio no sólo impide cualquier condicionamiento pre-textual, sino que se propone a sí mismo como título significante del poema. ¿Qué título podría "describir o resumir" siquiera medianamente la experiencia de silencio que encierran estos versos?:

. . . .
Y me he callado como si las palabras no me fueran a llenar la vida

Y ya no me quedara más que ofrecerte
Me he callado porque el silencio pone más cerca los
     labios
Porque sólo el silencio sabe detener a la muerte en los
     umbrales
Porque sólo el silencio sabe darse a la muerte sin reservas
Y así te sigo porque sé que más allá no has de pasar
Y en la esfera enrarecida caen los cuerpos por igual
Porque en mí la misma fe has de encontrar
Que hace a la noche seguir sin descanso al día
Ya que alguna vez le ha de coger y no le dejará de los
     dientes
Ya que alguna vez le ha de estrechar
Como la muerte estrecha a la vida
Te sigo como los fantasmas dejan de serlo
Con el descanso de verte torre de arena
Sensible al menor soplo u oscilación de los planetas
Pero siempre de pie y nunca más lejos
Que al otro lado de la mano (62)

Pero incluso esta meditación —a la que sólo podemos
agregar silencio como lo declara el poema de Eielson
"Westphalen dice", o nuestra callada solidaridad como re-
comienda Enrique Verástegui—[11] se encuentra cifrada en la
ausencia de título: el silencio que ocupa el espacio vacante
es también un poderoso operador intertextual, sólo que no
se trata (como en los casos señalados de Orozco y Rojas)
de pre-textos reconocibles en una tradición, sino del silencio grande y remoto del cual hablan Theodor Reik y María

11. Dice Enrique Verástegui refiriéndose a estos versos: "hermosa meditación del silencio, tierna declaración de amor y fe a la que nada podemos
agregar que no sea nuestra solidaridad, ahora que leo estos versos como una
premonición de lo que posteriormente eligió: el silencio, el silencio absoluto"
(52). Las actitudes de Eielson y Verástegui se hacen eco de la observación de
Américo Ferrari a propósito de los poemas de *Abolición de la muerte*: "Tan
difícil es meter una cala en este libro como clavar un clavo en un espejo sin
romperlo" (73).

Zambrano, ese silencio esencial del cual el poema proviene y al cual busca continuamente volver. La opción de dejar de escribir, elegida posteriormente por Westphalen, se convierte de este modo en una de las formas —tal vez la más consecuente— de modificar y transformar ese silencio.

Esta reflexión es válida para muchos poemas no titulados de Alejandra Pizarnik, sobre todo para aquellos que formulan explícitamente el deseo de la hablante de retornar ella también al silencio. Veamos el caso de este breve poema:

> Serás desolada
> y tu voz será la fantasma
> que se arrastra por lo oscuro
> jardín o tiempo donde tu mirada
> silencio, silencio. (67)

Fechado en 1972 (año de la muerte de su autora) este poema es una confesión y una profecía cifrada: la hablante-vidente revela su trágico destino a una interlocutora —que, como en muchos poemas de Pizarnik, son el mismo sujeto del discurso— pero, igual que Tiresias frente a los requerimientos de Edipo, interrumpe abruptamente la sentencia y decide callar. Esta interrupción es reveladora no sólo del miedo, sino del silencio mortal que rodea al poema y lo hace volverse sobre sí mismo. Esta reflexividad (que reproduce a nivel discursivo la reflexividad de la hablante) se articula en el último verso, cuya indeterminancia admite dos posibles lecturas. La primera, que la reiteración de la palabra *silencio* alude a la piadosa autocensura que le impide a la hablante enunciar aquello que será la mirada; la segunda, que del mismo modo que la voz de la desolada será "la fantasma que se arrastra por lo oscuro", su mirada será un doble silencio. Estas dos lecturas de ningún modo se contradicen, antes bien se complementan; pues si la primera enuncia el

tabú de revelar el terrible destino de la mirada, la segunda
enuncia precisamente lo que será dicha mirada: la mirada
del silencio.

El poema pudo haber llevado un título como "Profecía",
"Palabras de la vidente", "Biografía" o cualquier otro, pero
al no llevar ninguno deja vacante un espacio que es inmediatamente ocupado por el silencio. El vínculo entre el
silencio que ocupa el espacio del título y el último verso
("silencio, silencio") se intensifica al comprobar la brusca
interrupción de la hablante. Tanto Armantrout como Amorós
han señalado los finales bruscos como maneras de intro-
ducir silencios en un poema, pero en este caso estamos
frente a un proceso circular y autorreflexivo cuya tensión
borra la distancia que opone comienzo y final: el último
verso remite al espacio de silencio que preside el poema
y éste, a su vez, nos remite, como la banda de Moebius,
al verso conclusivo.

A partir de *Surcando el aire oscuro* (1970) se percibe en
la obra de Javier Sologuren una curiosa variante que no se
resuelve en la supresión del título, sino en su desplazamiento. Al situar el título al final del poema y entre paréntesis,
se crea un espacio de silencio que impide cualquier presuposición o filiación textual previa, negando toda posibilidad
de leer en dicho título una cifra de la cual se parte, para
convertirlo, como señala Roberto Paoli, en "una revelación,
una solución o un completamiento del sentido" (120). El
efecto producido en el lector es similar al del poema de
Alejandra Pizarnik; el título final remite al espacio vacante
del comienzo y conduce a la relectura del poema, esta vez
premunida con las apoyaturas otorgadas por el título re-
velado:

las palabras
no caen
en el
vacío
por el
vacío
remontan

burbujas iris soles
de nada
las palabras
suben y estallan

(algo como la lengua
húmedo
se pierde)

las palabras
por el aire
danzan
los aires
sin memoria
del
vacío

(en pos) (247)

En este poema, como en tantos de Sologuren, el título cumple la misma función que Andrew Debicki atribuye a los versos conclusivos como activadores de la relectura y reescritura. Comentando la poesía de José Ángel Valente, tal vez el poeta español cuya obra se encuentra más seducida por la experiencia del silencio, dice Debicki:

La relectura es generalmente esencial para la captación del sentido de los poemas, precisamente debido a que clarifica la transformación que ocurre en ellos e introduce el tema de la recreación. De manera recurrente, la última parte de un poema contiene referencias al acto poético que inevitablemente nos obligan a volver a recorrer el texto, haciéndonos reinterpretar su "relato" a la luz de dicho tema. De este modo, Valente nos obliga a repetir el proceso de reelaboración verbal, haciéndonos participar en el descubrimiento de sentidos por medio del acto poético. La "relectura" se convierte así, mucho más que antes, en una forma de "reescritura" (189-190).

Desde abajo, es decir desde el extremo inferior de la página, la "araña-título" arroja luz sobre un aspecto que tal vez no fue percibido en la primera lectura: que se trata de un arte poética en el cual el hablante se sitúa "en pos" de las palabras que remontan libremente por el vacío, negándose a ser capturadas. Esta puesta en escena del momento previo a la enunciación revela y reproduce magistralmente el murmullo del silencio, que sólo es posible si el lector participa del desconcierto que embarga al hablante frente a esas frágiles y elusivas palabras. Este efecto es obtenido por el interludio que representa la disposición gráfica del poema: las danzantes y esquivas palabras que suben y estallan a lo largo de la página declaran su pertenencia al vacío, el mismo donde se instala el lector "en pos" de un sentido que las articule y las dote de sentido.

Un caso semejante ocurre en "la lluvia" (*Surcando el aire oscuro*, 1970), también de Sologuren, donde la atenuación de las conexiones entre poema y título equivale a la supresión del verbo copulativo y del nexo comparativo:

La sangre que corre
por dentro
sin palabras
el pensamiento

que se enciende
y apaga
el agua que me lava
por fuera
desde el cielo
el agua que me lava
por dentro
desde el pecho

[la lluvia] (109)

Si el título hubiera estado al comienzo, nuestra primera lectura habría asumido el patrón: "La lluvia [es como] la sangre que corre...", donde el verbo "ser" hubiera establecido una relación oracional en la que el título funcionaría como sujeto y el poema como predicado. Al ofrecer la situación contraria, el poema se presenta como predicado puro o como el elemento aislado de una comparación que carece de comparado. La supresión del verbo "ser", que subyace a la correspondencia entre título y poema, no impide el vínculo entre ambos, pero produce la inversión de sus funciones significadoras: si en el patrón "la lluvia [es como] la sangre que corre..." el hablante parte de una experiencia objetiva para establecer la correspondencia con un estado de extrema subjetividad, en el propuesto por este poema el hablante parte de su extrema subjetividad para establecer la correspondencia con la experiencia objetiva: "la sangre que corre... [es como] la lluvia".

"Tan callando" (*El alumbrado*, 1986) de Gonzalo Rojas es un poema cuyo título anuncia de manera transparente su filiación textual. Se trata del sexto verso de la primera estrofa de las *Coplas de Don Jorge Manrique a la muerte de su padre*. Esta comprobación justifica una lectura a partir de la información que silencia el título:

Lo que me gusta del cuadro es que el muerto
da a la ventana y la ventana
está abierta y el oxígeno
hace de las suyas con él, le canta y
le baila, lo hace pensar
en otro tiempo como si eso de yacer
ahí nadando en lo lívido
fuera parte del insomnio. En cuanto
a las rosas cuyos pecíolos no hacen sino crecer
afuera, entre el pasto, ésas germinan
a la velocidad de sus uñas.
                                          Ventalle
de los muertos. (201)

El diálogo entre la copla de Manrique y este poema se produce en términos de transgresión y homenaje. La recontextualización del verso de Manrique funciona sólo si el lector tiene en mente el pre-texto originario, el mismo que en el poema de Rojas está deliberadamente suprimido, pero no ausente. Leamos (recordemos) una vez más la célebre copla:

Recuerde el alma dormida,
avive el seso y despierte,
  contemplando
cómo se pasa la vida;
cómo se viene la muerte
  tan callando;
cuán presto se va el plazer;
cómo, después de acordado
  da dolor;
cómo, a nuestro parescer,
cualquiere tiempo passado
fue mejor. (144)

En la organización estrófica de esta copla (sextilla doble en la que se suceden dos octosílabos y un tetrasílabo o pie quebrado) se advierte la sabiduría de una forma que ha sabido dar cabida al silencio por medio de la expectativa frustrada. La aparición de los silencios motivados por el pie quebrado configura interludios de lectura que, para el caso de la primera parte de la copla, ocurren luego de los enunciados "contemplando" y "tan callando". Se trata de silencios opuestos y a la vez complementarios: el silencio de la contemplación es recomendado para advertir otro silencio, el que acompaña la sorpresiva llegada de la muerte.

Premunidos con este breve comentario volvamos al poema de Rojas. La voluntad de parodia no propone una visión radicalmente distinta de la muerte: el empleo del gerundio ("tan callando"), además de calcar el verso de Manrique, subraya el carácter durativo de la acción, estableciendo entre ambos poemas —separados entre sí por cinco siglos— un vínculo de continuidad. La transgresión que supone la actitud ante el señalado comportamiento de la muerte está cifrada en la disposición textual: si la copla está compuesta por doce versos, "Tan callando" es también —a pesar de sus encabalgamientos y su estructura libérrima— un poema de doce versos, salvo si consideramos el heptasílabo encabalgado final como dos versos independientes: "Ventalle/de los muertos". Estos versos, que aparecen separados del cuerpo central por un punto aparte, aluden a la escenografía del encuentro entre la Esposa y el Amado tal como la retrata San Juan de la Cruz en *Noche oscura del alma*:

En mi pecho florido,
que entero para él solo se guardaba,
allí quedó dormido,
y yo le regalaba;
y el *ventalle de cedros* aire daba. (67. Mi subrayado)

La incómoda presencia de los versos finales en el poema de Rojas (por lo demás tan rodeados de silencio) amplía su textura dialógica y refuerza el poder de la vida presente en la muerte, sugerida por las rosas que germinan "a la velocidad de las uñas del muerto". En el poema de Rojas la muerte se encuentra desprovista del carácter grave y monumentalizador que le atribuyera Manrique, pero a la vez está representada como un no dormir que establece una doble distancia: con el imperativo del hablante de las *Coplas* de Manrique ("avive el seso y despierte") y con el reparador sueño del Amado en el pecho florido de la Esposa del poema de San Juan. En "Tan callando", el muerto anónimo trasgrede en silencio a sus ilustres antecesores y —al igual que las rosas, cuyo símbolo es inmarcesible— ejerce su vitalidad en la vida que ellos mismos le ofrecen.

La ausencia de los contenidos anticipadores del título y su desplazamiento al extremo inferior de la página conducen tanto al replanteamiento de los valores jerárquicos establecidos entre título y poema, como a una redefinición de los mecanismos de intertextualidad. Este proceso redefinitorio —que no excluye la filiación del poema con aquellos que lo preceden y a los cuales modifica y transforma— tiene en la poesía última de Jorge Eduardo Eielson una variante inversa: la ausencia del poema anunciada por la presencia del título. En *canto visible* (1960) se encuentran tres ejemplos que revelan la paradoja de que el poema sea posible gracias a su ausencia (a su silencio) en una página que trasciende la oscura función de soporte para obtener, de ese modo, su consagración como marco o "escenario". El primero (que recuerda las pinturas del período suprematista de Kazimir Malevitch, especialmente "White

Square on White" (1918), y la célebre composición de John Cage 4' 33" ejecutada en 1952) es una página en blanco cuyo título aparece en el extremo inferior: "ESTE PÁJARO BLANCO ES INVISIBLE SOBRE EL PAPEL BLANCO" (274). El segundo es una página dividida en dos mitades por una línea vertical negra que lleva por título, también con mayúsculas y en la parte inferior, "ESTA VERTICAL CELESTE PROVIENE DE ALFA DE CENTAURO" (276). El tercero, titulado "POEMA POR ESCRIBIR" (282) es más explícito: se trata de una página vacía que, a diferencia de la página blanca de Mallarmé, no es una cifra del lenguaje ni la consagración del silencio. Su propuesta es mucho más humilde, pero por lo mismo más devastadora: anunciar el escenario donde se inscribirá alguna vez el poema (o el deseo del poema) siempre cancelado. En estos tres casos los títulos podrían ser definidos, adaptando la metáfora de Mallarmé, como una "araña" que desde el extremo inferior de la página brilla sobre un escenario en el cual no hay nada, salvo el escenario mismo.

* * *

El "confuso parloteo de bocas invisibles" es una excelente metáfora del silencio tal como se hace presente en el acto creativo: así como el color blanco se produce, según lo explica la física newtoniana, por la rápida rotación de los colores distribuidos en el disco, la confusión que resulta de las distintas voces provenientes de la tradición redunda muchas veces en un discurso ininteligible (un "parloteo") semejante al silencio. Los poemas que se proponen como una puesta en escena del proceso de escritura suelen dar cuenta de esta confusión que amenaza no sólo las facultades creadoras del autor, sino también las posibilidades del lenguaje poético. La paradoja de que sólo mediante el lenguaje se pueda representar el momento previo a la enunciación literaria no se contradice con la comprobación de que el peso de la tradición se manifiesta a través de una infinidad de textos que "ennegrecen" la página blanca aun antes de haber sido escrita. Tanto las presuposiciones lógicas como las pragmáticas establecidas por Jonathan Culler (1993, 100-118) señalan el espacio pre-textual donde se establecen las complejas relaciones entre tradición, intertextualidad y silencio. Espacio que pertenece al poema aun cuando no esté explícitamente enunciado, como ocurre con la ausencia del título, cuya relación con el poema supone siempre mecanismos de filiación textual.

La advertida imposibilidad de estudiar el silencio del acto de creación poética como un proceso aislado de las intenciones textuales y los procedimientos de lectura, ha conducido a mencionar (y, en muchos casos, adelantar) estos dos últimos aspectos, que se verán integrados a la reflexión en el capítulo siguiente.

III

III

"BLANCO Y NEGRO QUE NO CESA":
ESCUCHAR EL SILENCIO, VER EL SILENCIO

palabra escrita palabra borrada
palabra desterrada
voz arrojada del paraíso
catástrofe en el cielo de la página
hinchada de silencios

BLANCA VARELA, *"Malevitch en su ventana"*

apareces
y desapareces
eres y no eres
sino sonido silencio sonido
silencio nuevamente
sonido otra vez
hormigueo celeste
blanco y negro que no cesa
y sólo existes porque te amo

JORGE EDUARDO EIELSON, *"escultura de palabras
para una plaza de roma"*

E N ESTE CAPÍTULO se estudian las diversas estrategias por medio de las cuales se produce en el poema aquello que Javier Sologuren ha llamado "la sabia injerencia del silencio" (267). A partir de la concepción medieval de la lectura y la escritura como actitudes solitarias (y por ello mismo silenciosas) y de la revolución que significó la aparición de la imprenta, se propone un

131

examen del conflicto entre el ritmo oral y el ritmo gráfico, incidiendo especialmente en las maneras en que los silencios gráficos se las arreglan para representar los silencios orales. El empleo de distintos y variados interludios de lectura tal como los entiende Gerald Prince (1980) (variantes tipográficas, paréntesis, espacios blancos, caligramas) otorga al poema escrito sus propios e intransferibles recursos para representar al silencio, sin que ello signifique necesariamente la pérdida de la nostalgia por el canto. En esta línea, se ofrece una revisión de las distintas clases de pausas que ocurren en los poemas, especialmente aquellas que reproducen (y albergan) más exitosamente al silencio. Los tres últimos apartados proponen una reflexión sobre el llamado encabalgamiento léxico; sobre el balbuceo y el tartamudeo como interferencias divinas (o demoníacas) de los silencios en el habla; y, por último, sobre la "sumarización", fenómeno que ocurre cuando un poema se construye a partir de la referencia de otro poema del cual sólo se aluden sus contenidos, sus efectos o sus intenciones, pero nunca sus versos, que quedan absolutamente silenciados.

I. Las posibilidades del canto: ritmo oral vs. ritmo gráfico

En el ensayo "Sagrado y secretos" (1995), Michel Rouche recuerda que la lectura personal y en silencio, recomendada por San Benito de Nursia para los monasterios del Imperio Carolingio, era un ejercicio extremadamente difícil por dos razones. La primera era de orden textual: la no separación entre las palabras sumada a la ausencia de puntuación en los textos de la época hacía penoso cualquier esfuerzo de *tacite legere* por parte de los monjes;[1] y la segunda de orden social: la Alta Edad Media occidental, herededera en muchos aspectos de la sociedad pagana, consideraba la soledad una actitud rara, extraordinaria, procedente de un abominable "odio al género humano" (129). Para Rouche, el descubrimiento del silencio fue consecuencia necesaria de la soledad que reclamaba la lectura en "voz baja" como ejercicio ascético. Ahora bien, si la soledad cobraba un valor espiritual positivo en los lectores, ¿qué podemos decir de los escribas o copistas? La alianza medieval señalada por Ernst Curtius entre el acto de lectura como forma de recepción y de estudio, y la escritura como forma de producción y figuración ("dos hemisferios de un mismo globo" (460)) no impide reconocer que la peor parte la sufrieron los productores, para quienes el sacrificio de la escritura no tuvo un valor metafórico, sino real: era una forma de ascesis tan auténtica como el ayuno o la plegaria, e incluso más mortificante. Rouche transcribe el testimonio de un escriba que se quejaba en estos términos: "oscurece la vista, le encorva a uno, hunde el pecho y el vientre, perjudica los riñones. Es una ruda prueba para todo el cuerpo. Por eso, lector, vuelve con dulzura sus páginas y

---

1. Para Marshall McLuhan el recurso a la ausencia de "blancos" y a la falta de puntuación fue, por parte de los escritores vanguardistas, una cuidadosa estrategia para convertir la pasividad visual en una participación oral activa. McLuhan sugiere que la genealogía de esa estrategia proviene, al menos en el caso de Joyce, de su familiaridad con los textos medievales: "Cuando en *Finnegans Wake* Joyce desea crear el 'trueno', el 'griterío callejero', para indicar una fase mayor de la acción colectiva, establece la palabra exactamente como la de un manuscrito antiguo: 'The fall (bababadalgharaghtakammi-narronnkonnbronntonner ronntuonthunntrovarrhounawnskawuntohoohooarde-nenthurnuk!) of a once wallstrait oldparr is related early in bed and later on life down through all christian minstrelsy'" (84. Mi traducción).

no pongas los dedos sobre las letras" (131).[2] La soledad de estos héroes anónimos sólo podía ser denunciada por un personalísimo discurso de resistencia inscrito en los márgenes o espacios no ocupados por el texto de la autoridad que transcribían, es decir, en el silencio de la página que era también el silencio de su historia. Curtius recuerda que al final de la transcripción algunos copistas (resignados a la modesta gloria de permitir la inmortalidad de otros) cedían a la inocua vanidad de escribir su nombre acompañado de un "suspiro de alivio": "Sicut aegrotus desiderat sanitatem, ita desiderat scriptor finem libri" (Curtius, 460).

La aparición de la imprenta —que, según Curtius, destruyó la unidad espiritual de la Edad Media al disociar la lectura como forma de recepción de la escritura como forma de producción— librará la lectura silenciosa del carácter normativo y sacrificial que impusiera San Benito a sus monjes, convirtiéndola, andando el tiempo, en un placer antes desconocido por los antiguos e incluso rayano en la adicción. Sólo en este contexto Stephen Gilman puede imaginar a uno de los lectores más famosos de la historia:

... hacia 1605 un tal Alonso Quijano y otros que compartían su adicción devoraban de manera silenciosa (acaso sus labios se movían mientras sus manos se contraían) y para sí mismos, por lo menos un volumen diario, pues

2. Esta queja anuncia aquella otra que Walter Muschg registra a propósito del "martirio ante el escritorio" del romántico Jean Paul: "En la hora más helada de la existencia, en la hora postrera, ¡Oh, vosotros, los hombres que tan a menudo me comprendisteis mal!, puedo alzar mi mano y jurar que al sentarme a escribir nunca busqué otra cosa que lo bueno y lo bello, en la medida en que mi situación y mis fuerzas me lo permitían, y que quizá erré a menudo, pero rara vez pequé. ¿Habéis resistido como yo a diez dolorosos años de una existencia oscura y empobrecida, a la ausencia total de aprobación? ¿Habéis sido fieles como yo a lo que habíais reconocido como la belleza, a pesar de haber caído en el olvido y totalmente indefensos?" (609).

"pasaban las noches leyendo de claro en claro y los días de turbio en turbio". (18)[3]

Esta fantasía de Gilman —que recuerda la sorpresa de San Agustín al sorprender a su maestro Ambrosio practicando la lectura silenciosa— revela la posibilidad del lector de escenificar a solas y en silencio aquello que lee. La lectura solitaria del texto impreso determinó, como lo recuerda Paul Ricœur, la entrega del discurso a la "littera" y no a la "vox", propiciando el desarrollo de la cultura escrita, cuyos fundamentos han sido criticados desde perspectivas distintas por Platón, Rousseau y Bergson (Ricœur, 8-57). La escenificación de las lecturas de Quijano y San Ambrosio denuncia la incapacidad del texto impreso de reproducir la situación dialogal yo-tú privativa del discurso hablado, pero también la consagración del silencio y la soledad que acompañan los actos de lectura y escritura: del mismo modo que el lector activa los silencios necesarios para la lectura en un escenario vacío, el escritor se planta frente a una superficie también vacía que debe cubrir con una capa de significantes. En el caso particular del poeta, el proceso creador se convirtió en un solitario comercio entre las palabras y el silencio: la plenitud del poema cubría, según sus habilidades, la temida y reverenciada página blanca.[4] Pero siempre quedaba

3. El caso de Alonso Quijano es relevante para comentar la matizada elegía de Curtius (que, por lo demás, jamás hubiera llegado a nosotros sin la imprenta): la aparición del libro impreso no "destruye" la señalada unidad del mundo espiritual previo, sino que revoluciona las correspondencias entre ambas al permitir que un número mayor de lectores acceda a la posibilidad de ser también escritores. El hecho de que un lector adicto se convierta de pronto en el héroe de los libros que devora, y que además su historia subvierta los procedimientos tradicionales de lectura, sólo es posible, como señala Gilman, "por la capacidad cada vez mayor de las imprentas para abastecer y estimular la demanda" (18).

4. En una anécdota registrada por Georges Rodenbach, Mallarmé cifra esta cuestión contestando de este modo una maliciosa pregunta de Daudet acerca

la incómoda sospecha de que el poema dejaba algún fragmento de esa extensión sin cubrir, que las palabras que con
tanto esmero cubrían la superficie de silencio tal vez no
la anulaban, que el silencio se las arreglaba para
introducirse en el poema, que el silencio, en última instancia, no desaparecía del todo.

¿Esa incómoda sospecha ha desaparecido? En su libro
Las formas del silencio (1969) el crítico y poeta colombiano
Andrés Holguín reflexiona sobre la naturaleza rítmica de la
poesía y observa que la presencia invasora, y muchas veces
no percibida, del silencio descansa en el sistema de organización versal. Dice Holguín:

> La poesía está hecha de palabra y silencio. El ritmo de los
> versos es tanto música como pausa. Ese detenerse de la
> voz al final de cada verso y de cada estrofa, ese fugaz
> detenerse de la voz en las sílabas acentuadas y en los
> hemistiquios, es la presencia del silencio en medio del
> poema. (15)

De acuerdo con la tesis de Holguín —que parece pensada
para poemas que responden a esquemas métricos definidos—
el silencio está presente como articulador significante de
unidades métricas (sílabas acentuadas, hemistiquios, versos,
estrofas e inclusive el poema mismo, dado que se halla
inscrito entre los blancos que lo separan del poema anterior
y del posterior). Detengámonos un momento en la función
articuladora de estos silencios, llamados también pausas. El
"fugaz detenerse de la voz" al que alude Holguín responde
a necesidades rítmicas impuestas por el poema mismo, y el
lector (o declamador) no hace más que obedecerlas; ni el

---

de su "reclusión a las tinieblas": "—Mas, ¿acaso la operación misma de escribir
no consiste en poner negro sobre blanco?" (Ruchon, 140-141. Mi traducción).

hábito de lectura ni la propia voluntad están autorizados para decidir el *lugar* de ese silencio, sino su *duración*, y aun ésta no debe exceder un tiempo razonable. La presencia de esos silencios es necesaria para la lectura: marca el final de un periodo (silábico, versal, estrófico) y el comienzo de otro cuyas características, si bien intuimos como lectores, aguardamos con expectativa y suspensión de ánimo. Pero las pausas no sólo cumplen la función de organizar el ritmo de la lectura. Con su habitual perspicacia Mallarmé había observado que "el armazón intelectual del poema se disimula y establece ...en el espacio que aísla las estrofas y entre los blancos del papel: silencio significativo que no es menos grato que componer versos" (141. Mi traducción). Estos silencios (estas pausas) no tienen, pues, el carácter estrictamente funcional que le atribuyen los tratados de métrica. El de Antonio Quilis, por ejemplo, propone las pausas como un "descanso" necesario para la continuidad del poema:

> La emisión de cada grupo fónico requiere un descanso más o menos largo a su final, que llamamos pausa. Esta pausa puede estar motivada: 1. Por la necesidad fisioló-gica de respirar (no hay voz sin aire); 2. Por razones sintácticas: fin de oración, hipérbaton, vocativo intercala-do, oración adjetiva explicativa, ciertos tipos de subordi-naciones oracionales, etc. Lo ideal es que ambas causas se produzcan al mismo tiempo; cuando más aunadas vayan, tanto más perfecto será el verso. (76)

Ninguna de las motivaciones señaladas por Quilis sería posible sin la presencia articuladora de los silencios, que forman parte integrante de la expresión misma. Es engañoso suponer que las pausas puedan ser definidas como un "descanso". Por el contrario, el efecto de suspensión crea en el lector una multiplicidad de tensiones que muchas veces actúan ratificando, modificando o contradiciendo lo que el poema enuncia en la superficie. Las "motivaciones" comprometen por igual al poeta, al poema y al lector, como parece reconocerlo Quilis cuando recurre al argumento respiratorio (que afecta al lector-declamador) y al sintáctico (que afecta al texto). Por otro lado, la idea de un "verso perfecto" definible a partir de un acuerdo entre la habilidad respiratoria y la economía sintáctica es sospechosa, si no de un severo programa preceptista, de una voluntad sancionadora sobre aquellos poemas donde el silencio se instala fuera del acuerdo señalado por Quilis.

Por supuesto que este autor contempla (como veremos más adelante) la ruptura del acuerdo que supone el encabalgamiento, pero este fenómeno no es el único que socava la cómoda lectura de versos esticomíticos: la expectativa y la suspensión que producen los silencios pueden frustrar al lector negándole el acceso a una dirección y a un sentido, como ocurre en los primeros poemas de Westphalen, donde la vacilación (rasgo que Roberto Paoli afilia con la duda y el vacío) se desplaza a ciegas por los vacíos corredores del silencio. Luego de establecer los debidos vínculos con la poesía surrealista, Paoli expresa de este modo su lectura:

Entonces vemos cómo lo iterativo (en un poema como el primero de Las ínsulas extrañas) se torna giratorio, circular, espiraliforme, como humo perezosamente enroscado. Asistimos a este perenne retraerse del sentido en busca de otro camino, de otra salida para luego retroceder otra vez y buscar el punto de partida hacia otro rumbo igualmente precario. Es una poesía de indecisiones y de vaivenes, fluctuaciones y perplejidades, alrededor de un sentido que desconcierta y da miedo, y por eso se le roza sin permitir o sin lograr que se cuaje y se realice. (99)

Estas observaciones, que son justas para muchos poemas de Alejandra Pizarnik, lo son en menor medida para los de Jorge Eduardo Eielson, donde la penetración del silencio también configura un elemento constructivo y significativo, pero de signo gráfico más que oral. Debo matizar el esquematismo de la oposición aclarando que se trata de poemas con ritmo primordialmente visual frente a poemas poseedores de un ritmo oral que nos recuerdan que ni la revolución de la imprenta ni la más reciente de las computadoras desterraron del todo la nostalgia del canto.[5] Esta oposición está refrendada por el hecho incontrovertible de que la palabra "silencio" pertenece al vocabulario de la oralidad: se la emplea comúnmente para designar la ausencia de habla. No existe, en cambio, un equivalente específico para la ausencia de escritura; "vacío" y "blanco", si bien gozan de prestigio, sólo son aproximaciones metafóricas. El carácter gráfico del silencio (valga la paradoja) otorga a la página —es decir, al soporte material de la escritura— un valor determinante en la significación de un poema. Walter Ong explica el poema "grasshopper" de e. e. cummings en términos perfectamente válidos para muchos poemas "gráficos" de Eielson y Sologuren:

5. La importancia que han cobrado los valores expresivos propios de la impresión no ha hecho olvidar a muchos poetas la condición oral de la poesía. E.A. Westphalen ha declarado a este respecto: "Previamente les debo confesar que aprovecharé mi experiencia de hoy para comprobar —en la grabación de los poemas— la veracidad de una convicción que siento arraigarse en mí: *la creencia de que sólo la encarnación del poema en una voz le da existencia y sentido*" (1987, 46. Mi subrayado). Por su parte, Gonzalo Rojas presenta los poemas de su colección antológica *Del Relámpago* bajo este significativo título: "No al lector, al oyente", donde nos invita "a oír unos versos".

El espacio textual resulta tan esencial para el poema de cummings que es totalmente imposible leerlo en voz alta. Los sonidos que las letras evocan tienen que estar presentes en la imaginación, pero su manifestación no es sólo auditiva: establece una relación recíproca con el espacio visual y cinéticamente percibido a su alrededor. (128)

La aparición de los silencios gráficos en la poesía de Jorge Eduardo Eielson no sólo manifiesta una raigal desconfianza (y también un cansancio) ante la palabra impresa, sino un puente tendido hacia otras expresiones artísticas en las cuales la palabra está ausente.[6] Roland Barthes ha observado que la imagen gráfica es más imperativa que la escritura porque es capaz de imponer la significación en bloque sin analizarla ni dispersarla, presentando un sistema de valores como si fuera un sistema de hechos (1985b, 201). Esta capacidad (que no libra a la imagen de convertirse en "escritura", debido a su carácter significativo) es compartida por la poesía gráfica, usuaria parcial de los beneficios de la imagen: tanto el caligrama como el poema concreto imponen "en bloque" la significación, pero si bien no pueden prescindir de las palabras (que son consustanciales al diseño icónico del mensaje) pueden suprimirlas, configurando con los vacíos el mensaje que porta la forma obtenida:

---

6. En su respuesta a una pregunta del narrador Julio Ramón Ribeyro acerca de su novela *El cuerpo de Giulia-no* (1971), J.E. Eielson confiesa: "Empecé el libro en el verano de 1953, en Roma, y lo terminé el verano de 1957, en la misma ciudad, pasando por larguísimos periodos de inactividad. En realidad, aunque ello no se note quizás en la novela, *mi disgusto por la literatura era ya evidente y sobre todo la suerte de virtuosismo que yo entonces practicaba. Me parecía literalmente como si me rompiera la cabeza ante un estéril muro de palabras. Llegué a odiarlas"* (Conversación con Ribeyro 1995, 20. Mi subrayado).

```
                    azul
                 brillante
               el Ojo el
        pico anaranjado
            el cuello
            el cuello
            el cuello
            el cuello
            el cuello
            el cuello
            el cuello herido
        pájaro de papel y tinta que no vuela
        que no se mueve que no canta que no respira
        animal hecho de versos amarillos
        de silencioso plumaje impreso
        tal vez un soplo desbarata
        la misteriosa palabra que sujeta
        sus dos patas
                 patas
                 patas
                 patas
                 patas
                 patas
                 patas
                 patas
                 patas
                 patas a mi mesa (156)
```

En esta "poesía en forma de pájaro" de Jorge Eduardo
Eielson (*Tema y variaciones*, 1950) las pausas funcionan menos
como silencios respiratorios que como espacios visuales que
otorgan el necesario contorno para la configuración del
caligrama: sólo es posible ver/leer la figura del pájaro recor-
tada sobre un fondo de silencio. A semejanza de los caligramas de Apollinaire, "poesía en forma de pájaro" es un ícono
donde los significantes juegan a representar figurativamente
sus significados (la "O" mayúscula cumple la función del
ojo, la secuencia vertical de la palabra "cuello" configura

el cuello, el último verso "patas a mi mesa" funciona como soporte), pero los opone una diferencia insalvable: en el poema de Eielson los artificios de composición subrayan continuamente la condición *escrita* del objeto ("pájaro de papel y tinta que no vuela") y el silencio y la inmovilidad a la que está condenado. En "poesía en forma de pájaro" no sólo leemos una declaración de esterilidad, leemos también el desengaño ante una tradición que, si bien se revela como inútil, está presente haciendo efectivos los reproches del hablante. No necesitamos recorrer una larguísima tradición que va del "Romance del prisionero" hasta "El viaje definitivo" de Juan Ramón Jiménez ("...Y yo me iré. Y se quedarán los pájaros cantando") para leer en este pájaro que no canta la metáfora del poeta que se descubre incapaz de cantar porque se halla condenado al silencio de la escritura.[7]

De manera semejante a los copistas medievales evocados por Rouche y Curtius, muchos poetas contemporáneos han dejado constancia de su "discurso de resistencia" en los márgenes o espacios límites de la página. Sólo que ya no se trata de los espacios ocupados por el texto de la autoridad transcrita, sino del impenetrable silencio que habita el corazón mismo del poema. Los pequeñísimos espacios de silencio donde el ritmo se organiza anunciando, como explica

7. No debe descartarse la posibilidad de que "poesía en forma de pájaro" sea una respuesta paródica al poema de Vallejo "¡Y si después de tantas palabras!" (*Poemas humanos*, 1939), donde la tradición literaria (la tradición del canto) está expresada, también paródicamente, en la imagen tradicional de los poetas como pájaros cantores:

¡Y si después de tantas palabras,
no sobrevive la palabra!
¡Si después de las alas de los pájaros,
no sobrevive el pájaro parado!
¡Más valdría, en verdad,
que se lo coman todo y acabemos!. . . (575)

Octavio Paz, la dirección y el sentido del poema (1979, 57) se convierten en un solo bloque de silencio instalado en el lugar central. En el poema de Javier Sologuren titulado precisamente "márgenes" (*Folios de El Enamorado y la Muerte*, 1980) el silencio configura el vacío textual alrededor del cual resbalan las palabras que nunca llegarán a introducirse en el silencio deseado, sino a hablar de él:

escribo
en la zona
del silencio
no toco el
centro /sólo
lo limito
el centro
es un corazón
en blanco que
sin embargo
está latiendo
lee en ese
centro
desvía
la mirada
unos grados
a la derecha
allí está
nunca
alcanzado
es ese su espacio
en esta
columna
gotean
palabras
nada más
que palabras

al pasar
acá la
mano
al trazar
las letras
o al picarlas
he dado
el huidizo
salto
el blanco
queda
blanco
blanco
del deseo
de escribir
de anotar
silencios
entre columnas
está el poema
la ausencia
siempre
presente
pero existen
márgenes
escribo
en la zona
del silencio (172)

La columna blanca es, en este poema, el centro alrededor del cual se instala el discurso que habla de su propia imposibilidad. Objeto del deseo y blanco del deseo de escribir, dicha columna se erige como un vasto silencio impenetrable: contra ella se estrellan, como flechas inútiles, las palabras. En una primera instancia, la configuración gráfica del poema no necesita la lectura para proponer un cambio de visión respecto de los márgenes (que en este poema movilizan su triple significado de apostilla, blanco gráfico y relegación) y el centro: el fondo se convierte en forma y las palabras en anotaciones inscritas en la periferia de un silencio inalcanzable y central. La "silenciosa y cauta deposición de la palabra sobre la blancura de un papel en el que no puede tener ni sonoridad ni interlocutor", de la que hablaba Foucault (1974, 294) se actualiza dramáticamente en este poema, donde el poeta-hablante se contempla a sí mismo escribiendo palabras que no pueden decir otra cosa que no sean ellas mismas. Los márgenes —como los muros, los árboles o los monumentos públicos que registran aquellas escrituras que no cuentan con el privilegio social de ser leídas— acogen las "goteantes palabras" que construyen desde la periferia el centro deseado. Es importante observar que esta construcción reclama la cuidadosa lectura del mensaje lingüístico: no se trata, como en la llamada poesía concreta, de las calculadas variantes que ofrecen las palabras para configurar el diseño icónico, sino de dotar al diseño icónico de una "recitabilidad" que lo registre y complemente.

La conversión del fondo en forma denuncia y trastrueca la rigidez de la oposición centro/margen e invita a realizar un cambio de visión: está en la voluntad de cada quién elegir desde dónde reescribir el poema (esa "ausencia siempre presente"), pues todo depende de la ubicación que se elija para formular su propio deseo, como lo sugiere este brevísimo poema de Blanca Varela, que puede ser leído como un comentario a "márgenes":

REJA

cuál es la luz
cuál la sombra (1987, 117)

La lección de estos poemas tiene un cierto sabor desconstruccionista: de la misma manera que sólo hay centro en la medida que hay márgenes (o lenguaje donde hay silencio), sólo puede haber luz en la medida en que hay sombra. Esta idea —por lo demás tan cercana a las paradojas del budismo Zen— está expresada con meridiana claridad en un poema de Octavio Paz dedicado a John Cage: "La música/inventa al silencio,/la arquitectura/ inventa al espacio" (1979, 436).

Un procedimiento similar al de los poemas de Varela y Sologuren (aunque distinto a "poesía en forma de pájaro", donde las semejanzas entre significante y significado son más obvias) está presente en los poemas de Alejandra Pizarnik titulados "El corazón de lo que existe" y "Memoria", ambos de *Los trabajos y las noches* (1965):

no me entregues
tristísima medianoche,
al impuro mediodía blanco (250)

El interludio conformado por el espacio en blanco que precede al segundo verso (que ocupa el *centro* textual) indica el espacio del corazón del poema; corazón que desde la ausencia (o desde el "blanco", como el mediodía temido) sustenta la fragilidad del discurso. Como en el poema de Sologuren, las palabras del poema rodean al silencio, pero no lo tocan, sólo resbalan en sus márgenes connotando la imposibilidad de que la petición de la hablante sea efectivamente satisfecha. En su brevedad, "El corazón de lo que existe" admite lecturas vinculadas con el silencio y la grafía: la vieja familiaridad entre la hablante y la tristísima medianoche a la que se dirige permite reconocer que, a pesar de su negrura y su tristeza, es preferida al mediodía, al que califica de "impuro" y "blanco". Además, el verbo "entregar" moviliza inmediatamente el sentido de "abandonar a su suerte", como quien entrega a las autoridades a la persona culpable de una falta. Es significativo que el blanco esté asociado aquí con impureza, pues eso conduce por oposición a identificar lo negro con lo puro y lo puro con lo triste (¿el exceso de significante que termina por consumirse a sí mismo?). La fatal rotación del par día-noche no impide que un elemento tome atributos del otro, sobre todo en los momentos crepusculares, donde ambos se confunden. Esta fatalidad natural es deplorada por la hablante, quien enmudece en un largo silencio (en un blanco) entre la petición y el vocativo, tal vez para evidenciar que conoce la cruel respuesta de antemano.

En "Memoria", poema que guarda relaciones intertextuales con la Rima VII de Bécquer, el centro es un vacío que transforma la imagen romántica del arpa "silenciosa y cubierta de polvo" en la oquedad de un ataúd cuyo vacío anuncia (y alberga) la muerte:

> Arpa de silencio
> en donde anida el miedo.
> Gemido lunar de las cosas
> significando ausencia.
>
> Espacio de color cerrado.
> Alguien golpea y arma

un ataúd para la hora,
otro ataúd para la luz. (257)

El "espacio de color cerrado" alude al ataúd (y el ataúd, por metonimia, a la muerte), del mismo modo que el arpa becqueriana —su referente pre-textual más inmediato— señala el potencial que yace dormido en el instrumento. Pero el verso alude también al espacio gráfico vacío que lo antecede; el caligrama que se diseña a partir de ese vacío es también el espacio central que da sentido a las tres primeras oraciones inscritas en los márgenes del poema: es el "arpa de silencio/en donde anida el miedo"; el lugar donde se escucha el "gemido lunar de las cosas/ significando ausencia"; y el "espacio de color cerrado".

De acuerdo con esta lectura, la acciones simultáneas de golpear y armar los ataúdes no serían otras que la experiencia de escribir (construir) el poema como si se tratara de una tumba verbal donde la hablante estará encerrada y aislada. La transformación de la anónima mano que sabe arrancar las notas del arpa en ese innominado "alguien" que golpea y arma los ataúdes revela una notable ambivalencia frente al lenguaje y en general frente a la poesía: si por un lado toda creación verbal supone un enterramiento (una asfixia) mortal, por el otro supone el reconocimiento de que gracias a la creación verbal la hablante-autora podrá permanecer en la memoria a la que alude el título. La poesía es, de acuerdo con este poema, "un ataúd para la hora [de morir físicamente]/otro ataúd para la luz [de la trascendencia ulterior]".

Tanto en "márgenes" como en "El corazón de lo que existe" y "Memoria" las posibilidades del canto están prácticamente reducidas a cero, pero no ausentes. El programa rimbaldiano de "anotar silencios", el de no ser entregada "al

impuro mediodía blanco" y perpetuarse en la memoria
revelan en estos poemas la opción de sus hablantes por
cantar en voz muy baja. O, como dice Américo Ferrari a
propósito de la poesía de Blanca Varela, "a 'media voz': la
mitad es voz, la otra mitad, silencio" (1990, 98). Esta opción
está presente en "Media voz" (Canto villano, 1978) de Blanca
Varela, una meditación sobre la impenetrabilidad del poema
del que sólo atisbamos, como en "Reja", su luz y su sombra:

> . . . .
> no he llegado
> no llegaré jamás
> en el centro de todo está el poema
> intacto sol
> ineludible noche
>
> sin volver la cabeza
> merodeo su luz
>   su sombra
> animal de palabras
> husmeo su esplendor
> su huella
>   sus restos
> todo para decir
> que alguna vez estuve
> atenta desarmada
>   sola
> casi en la muerte
> casi en el fuego (1987, 143)

II. Encabalgamiento léxico y ritmo esfinteriano

De acuerdo con Antonio Quilis, el encabalgamiento
("enjambement") es "un desajuste que se produce en la
estrofa cuando una pausa versal no coincide con una pausa

morfosintáctica" (78). La alteración de las pausas versales generada por el encabalgamiento es una "anomalía" formal que de hecho funciona como interludio de lectura, es decir como una ruptura de la forma que reclama una manera estratégica de hacer leer. El poeta español José Hierro ha observado que se trata de "una forma de ironía, es desmentir un ritmo por medio de otro, es guiñar el ojo al lector" (citado por López Estrada, 69). Pero este guiño no es sólo un gesto de complicidad entre autor y lector, es también el reconocimiento de una abertura por parte del verso suspendido que, en espera de ser completado, potencia y multiplica su capacidad significante.

Entre los diferentes tipos de encabalgamiento, Quilis distingue uno muy particular donde la pausa versal (el silencio) no escinde una unidad sintáctica, sino una palabra. Se trata del llamado "encabalgamiento léxico", que puede ocurrir entre dos hemistiquios (como en el verso de Darío "y los moluscos *reminiscencias* de mujeres") o entre dos versos. Si se buscara ejemplos de este último, la cosecha sería muy pobre: se trata de perlas raras en la poesía de lengua española. La mayoría de los manuales se limita a mencionar los célebres versos de Fray Luis ("Y mientras *miserable-/mente* se están los otros abrasando"), o los más audaces de Juan Ramón Jiménez ("Asno blanco; verde y *ama-/rillo* de parras de otoño"). En ambos poemas el encabalgamiento léxico aparece una sola vez, por lo que el ritmo general del poema apenas se ve afectado. En cambio, aquellos poemas donde se produce la reiteración del recurso no sólo consiguen un efecto de fractura, sino la creación de un ritmo organizado a partir de dichas fracturas. Veamos como ejemplo estos fragmentos del poema "valle giulia" (*habitación en roma*, 1976) de J.E. Eielson:

a dónde quiere llegar ese hom
bre con su bastón que
se quiebra siempre se quie
bra al doblar una esqui
na
. . . .
quién puede ser sino el fantoche
del amarillo mes de abril
en valle giulia
bastón inútil que se quie
bra en cada esqui
na
muy serenamente ya
su cuerpo
sube al cielo convertido
en un reptil alado que se aleja
en una pompa de jabón que no se quie
que no se quie
que no se quie
bra (172-173)

En este poema, que recuerda lejanamente las invenciones
poéticas de Cervantes en su presentación del Quijote,[8] la
reiteración de las fracturas verbales reproducen gráficamente
el proceso de fractura de los objetos físicos designados: el
bastón, la esquina, la pompa de jabón. Pero los interludios
de ruptura no sólo sobredeterminan el significado (y las
acciones), sino que encierran una lectura metapoética: el
bastón, la esquina y la pompa de jabón se convierten en
metáforas del poema mismo, y su quebrada fragilidad en
la sostenedora de un ritmo basado en la continua

8. Me refiero a "Urganda la desconocida", "Del donoso poeta entreverado,
a Sancho Panza y Rocinante" y "A Rocinante", poemas escritos en versos de
cabo roto ("Si de llegarte a los bue-,/libro, fueres con letu-,/no te dirá el
boquirru-/que no te pones bien los de-.") de larga tradición burlesca. El artificio
de estos versos no se debe al encabalgamiento léxico, sino a la rima de los versos
tomando en cuenta la última vocal y cortando (silenciando) las posibles sílabas
siguientes.

suspensión. Otro caso: el misterioso poema de Gonzalo Rojas titulado "A un vestido de mujer" (*El Alumbrado*, 1986), donde el encabalgamiento léxico fractura (hiere) la sílaba, la misma de la que mana una "sangre sucia, a medio coagular":

> El peligro está en la sí-
> laba de la que sale sangre su-
> cia a medio coagular por descui-
> do, ¿y la carta
> arácnida, qué
> fue
> de
> esa tela? Los
> andaluces
> dicen tela por
> arcángel. Me
> acuerdo de ella, la
> oigo sollozar. (189)

Además de reproducir el sollozo con el empleo de un "ritmo parpadeante", la puesta en escena del balbuceo supone la inesperada y brusca introducción de silencios en el interior de las palabras. La ruptura del vocablo desde la sílaba responde a una necesidad cuya mecánica es explicada por el mismo poeta en estos términos: "Separar el respiro no implica arbitrariedad, sino al revés, necesidad. Por necesidad yo silabeo. Silabeo al mundo porque necesito silabearlo para decirlo" (entrevista con Ortega, 1984, 17). En el caso particular de "A un vestido de mujer", el silabeo produce violentos cortes cuya continuidad asegura la fluidez de un ritmo definible a partir precisamente de la reiteración de dichos cortes. En la misma entrevista, Rojas ha declarado que la sílaba creada de la ruptura del vocablo "se [le] ofrece como imagen de descuartizamiento y por otra parte de acorde" (17).

Frente a la oscuridad y al misterio del poema, la
mención a la "carta arácnida" ofrece una luz interpretativa:
al condensar en una sola imagen la escritura y la tela
(vinculadas etimológicamente con *texto* y *tejido*), la "carta
arácnida" conduce a una mujer abandonada cuya actitud
recuerda los mitos helénicos de espera femenina: tejiendo
(escribiendo) su propia tela (su propia carta) como la
castigada Aracné; o tejiendo y destejiendo su vestido como
la leal Penélope. La ausencia del "vestido de mujer" se
revela, para el hablante, en la obsesiva presencia del llanto
y su proyección en el balbuceo culpable. Los vínculos entre
el balbuceo del hablante y el sollozo de la mujer se establecen en la medida que son distintas manifestaciones del
silencio: si el primero se expresa a medias con la
entrecortada pérdida de voz, el segundo lo hace por medio
de un dolor que indica una necesaria suspensión del habla.

Este tipo particular de encabalgamiento recuerda las
reflexiones de Robert Fliess acerca de lo que podríamos
denominar, adaptando libremente un término suyo, "ritmo
esfinteriano". Fliess reelabora las ideas de Ella Freeman
Sharpe acerca de la adquisición del lenguaje como fenómeno
simultáneo al control esfinteriano del ano y de la uretra por
parte del niño. Para Sharpe "la descarga de la tensión que
ya no puede producir por el atajo de lo físico, se podrá hacer
por el habla. La actividad de hablar reemplaza a la actividad
de las *aberturas del cuerpo. Las palabras, por su parte, se
convierten en sustitutos de sustancias corporales"* (citado por
Fliess, 60. Su subrayado).[9]

---

9. Las ideas de Fliess sobre los diferentes tipos de silencio han sido resu-
midas por J. D. Nasio en estos términos: "...Fliess opone la palabra como aper-
tura erótica al cierre orificial que el silencio significa. El autor elabora así tres
tipos fundamentales de verbalizaciones regresivas: oral, anal y uretral,

A partir de las reflexiones de Freeman Sharpe, Fliess llega a esta sorprendente conclusión: "si el habla es un sustituto de la actividad esfinteriana, el silencio por su parte sería el equivalente de un cierre esfinteriano" (63). Ahora bien, si la mecánica de cerrazón/apertura anal está guiada por el placer de la retención/expulsión, entonces no sólo las sílabas a "medio salir" sino también el balbuceo y la "cauta deposición de la palabra sobre la blancura de un papel" de la que hablaba Foucault, pueden considerarse una puesta en escena de la creación verbal como expulsión excretoria. El vínculo entre la mecánica de retención/expulsión y el acto creativo aparece magistralmente representado en el poema XII de *Trilce* (1922) de César Vallejo:

Escapo de una finta, peluza a peluza.
Un proyectil que no sé dónde irá a caer.
Incertidumbre. Tramonto. Cervical coyuntura.

Chasquido de moscón que muere
a mitad de su vuelo y cae a tierra.
¿Qué dice ahora Newton?
Pero, naturalmente, vosotros sois hijos.

Incertidumbre. Talones que no giran.
Carilla en nudo fabrida
cinco espinas por un lado
y cinco por el otro: Chit! Ya sale. (255)

correlacionadas con tres tipos de silencio. Por ejemplo, si el hecho de hablar representa un sustituto de la dilatación esfinteriana, el silencio se debería considerar un equivalente del cierre de los orificios erógenos, la retención de las palabras un *Ersatz* ["reemplazo"] de la retención de las heces y —siempre según Fliess— las dificultades con que el analizando tropieza para respetar la regla fundamental se deberían considerar un temor desplazado de incontinencia. Por eso distingue silencios erótico-oral, erótico-anal y erótico-uretral" (Nasio, 1990, 13).

Tradicionalmente interpretado como una metáfora del
nacimiento de la palabra, este poema es una puesta en
escena del momento previo a la creación. La imposición
de silencio ("Chit! Ya sale") no sólo indica la incómoda
presencia de interlocutores, sino que anuncia y define la
creación esperada. La paradoja es evidente: si el poema
supone una escenificación de un doloroso e incierto proceso
de búsqueda creativa (que tiene su correlato en el dolor
y la incertidumbre que acompañan al parto), el poema
anunciado sólo puede producirse *después* del poema que
leemos, es decir, en el espacio de silencio que solicita el
hablante para que la creación efectivamente se produzca.

La meditación metapoética que propone Trilce XII está
presente de un modo más directo en este poema de *Noche
oscura del cuerpo* (1989) de Jorge Eduardo Eielson:

> Cuando el momento llega   y llega
> Cada día el momento de sentarse humildemente
> a defecar   y una parte inútil de nosotros
> Vuelve a tierra
> Todo parece más sencillo y más cercano
> Y hasta la misma luz de la luna
> Es un anillo de oro
> Que atraviesa el comedor y la cocina
> Las estrellas se reúnen en el vientre
> Y ya no duelen sino brillan simplemente
> Los intestinos vuelven al abismo azul
> En donde yacen los caballos
> Y el tambor de nuestra infancia. (1989, 35)

El hecho de que este poema (titulado "Último cuerpo")
ocupe el último lugar en el libro indica que conforma, con
los demás que lo anteceden, la secuencia de producción
excremencial. La relación poema-excremento no sólo sugiere
la dificultades creativas y la búsqueda de la revelación
(semejante en este aspecto al alumbramiento al que alude

el poema de Vallejo), sino que articula los poemas del libro dotándolos de una estrecha unidad en la que cada fragmento goza de una relativa independencia. Los silencios entre poema y poema corresponden entonces al cierre esfinteriano que retiene, no sabemos si placentera o dolorosamente, al poema (al "cuerpo") siguiente, orquestando una estructura semejante al balbuceo: la pérdida de voz se torna equivalente a la retención esfinteriana, y en ella descansa la inversión de la espiritualidad que define la *Noche oscura del cuerpo*.[10] El epígrafe de San Juan que preside el libro se lee, entonces, como su transparente clave: "Era cosa tan secreta/que me quedé balbuciendo,/ toda ciencia trascendiendo".

III. El balbuceo o los silencios entrecortados

En el ensayo "Interpretación e historia" Umberto Eco recuerda que el vínculo etimológico entre *balbuceo* y *barbarie* fue establecido de acuerdo con los parámetros del racionalismo clásico griego: bárbaro era todo aquel que no podía hablar de modo inteligible, es decir, el extranjero cuya misteriosa lengua sonaba como un balbuceo carente de significado. Con el advenimiento del helenismo, el rechazo inicial se transformó en una fascinación por lo desconocido: la sospecha de que los sacerdotes bárbaros poseían un conocimiento que les permitía establecer "los lazos secretos que conectaban el mundo espiritual con el mundo astral y a éste último con el mundo sublunar" (Eco, 1995, 34) se condice

---

10. La retención esfinteriana es puesta en escena en dos interludios de lectura indicados por las pausas intraversales ubicadas en el primer verso ("Cuando el momento llega   y llega") y en el tercero ("a defecar   y una parte inútil de nosotros... ").

con la atribución a los "otros" de un misterioso y atractivo saber que trascendía la lógica de la cultura central y propiciaba el fenómeno que Arnaldo Momigliano ha estudiado bajo el nombre de "sabiduría bárbara" (1975).

Si bien expresan valoraciones contrarias, tanto la fascinación ante las lenguas bárbaras como su rechazo excluyente se explican porque ninguna de esas lenguas encajaba en la oposición establecida entre lenguaje y silencio. Si el silencio es ausencia de lenguaje (y ese lenguaje era, desde la perspectiva helénica, el griego) ¿cómo evaluar aquellas hablas misteriosas y carentes de sentido que lograban, sin embargo, manifestarse como presencia? Al ser el balbuceo una de las formas en que se evidencia la pérdida de la voz en el discurso (sea confundiendo las letras o las sílabas, retardando la pronunciación de las palabras o repitiendo grupos fónicos) era natural interpretar el habla de los extranjeros como un híbrido de lenguaje y silencio que se resistía a ser identificado con ninguno de los dos.

La condición "híbrida" del balbuceo ha sido empleada por el discurso poético para poner en escena la cortedad del decir, la suspensión momentánea del habla y las intromisiones del silencio. En sus especulaciones sobre el origen profético de la poesía, Walter Muschg señala la presencia del tartamudeo inconsciente de la palabra divina y extraña: "La proximidad de Yahvé se expresa por el empuje telúrico de la dicción. Su palabra es enigmática, a menudo hasta para el mismo profeta. Isaías recuerda que la tartamudez señala al que habla en nombre de Yahvé" (116). El balbuceo y el tartamudeo no siempre se han visto beneficiados por juicios tan halagadores. En sus comentarios al auto sacramental de Sor Juana *El Divino Narciso*, el Padre Méndez Plancarte razona que si las Escrituras probaban que Dios era "Verbo" entonces el Demonio debía ser "mudo *causal y eficientemente,* en cuanto que produce la mudez, ya física . . . o ya espiritual" (540. Su subrayado). Philippe Sollers coincide con las especulaciones del padre Plancarte cuando define el infierno dantesco como "la inversión en la que 'el sol se calla', el lugar de la reacción y de la confusión de las lenguas, de las metamorfosis definitivas, de la no-comunicación, de la ilusión de identidad" (43). En ambos casos, la sospecha de que el balbuceo supone una interferencia diabólica en el discurso invita a vincular lo "bárbaro" (es decir lo extranjero) con la mudez infernal o, lo que es lo mismo, con la caída a un estadio regresivo de no comunicación.[11] Sin embargo cuando Dante, abrumado por las visiones del Paraíso, exclama: "Omai sarà più corta mia favella,/pur a quel ch'io ricordo, che d'un fante/che bagni ancor la lingua alla mammella" (1194), no está declarando el poder disruptor del demonio sobre el discurso tal como aparece, por ejemplo, en las misteriosas palabras que dan inicio al canto VII del Infierno ("Papé Satàn, papé Satàn aleppe!"); lo que Dante declara es nada menos que la derrota de un lenguaje que se revela incapaz de trasmitir la intensidad de la experiencia. En el ensayo "Para una poética del silencio", dedicado a Octavio Paz, Jaime Alazraki sostiene que al comparar su lenguaje con los balbuceos inarticulados de un niño, Dante "inaugura este proceso de destronamiento del lenguaje y su antigua soberanía se convierte en tiranía" (157). Esta observación es valiosa y señala lo que podríamos denominar, adaptando

11. En su *Diccionario de símbolos* Juan-Eduardo Cirlot explica la mudez como un símbolo regresivo a los primeros estadios de la creación, y añade que, debido a esa característica, "se aluden con frecuencia las leyendas de la mudez como castigo por graves males cometidos (que determinan por sí mismos la regresión)" (311).

un término de Althusser, una ruptura epistemológica en la
concepción de la poesía en Occidente. Debe repararse, sin
embargo, que el balbuceo al que Dante se refiere no es,
en sentido estricto, un balbuceo (¿se pueden calificar de
ese modo las visiones de "Paradiso"?) sino una comparación
retórica, una estrategia de la que se vale para anunciar la
magistral derrota del lenguaje y la consecuente afirmación
de la Obra, es decir, de las palabras que constituyen el
monumento literario que llamamos *La Divina Comedia.*

La hablante del *Cántico espiritual* de San Juan, en cambio,
no recurre a la comparación retórica, sino a la reproducción
de un balbuceo que revela las infinitas posibilidades del
lenguaje. La aporía implícita del verso "un no sé qué que
quedan balbuciendo", declara una vez más la derrota del
lenguaje (la Esposa se rinde ante la experiencia y reconoce
la cortedad de su decir), pero al mismo tiempo revela su
mayor logro: la de hacernos escuchar "lo inefable expresán-
dose inefablemente" (Paz, 1979, 90). Aquí también se trata
de una estrategia retórica (que incluye —¿cómo olvidarlo?—
una larga tradición bíblica y mística), sólo que esa retórica
no está al servicio del lenguaje, sino del silencio que marca
los límites del lenguaje. O, dicho con palabras del propio
San Juan, de un lenguaje que, atravesado por el silencio, "da
a entender qué hay que decir".[12]

En muchos poemas de Westphalen y Rojas, las repeticiones y desvíos gramaticales ocasionados por el balbuceo
radicalizan las observaciones de Julia Kristeva sobre la
desobediencia del enunciado poético al orden gramatical
impuesto por la frase no poética y sobre su ilegibilidad

---

12. San Juan de la Cruz explica en sus comentarios en prosa al *Cántico
Espiritual,* que balbucir "...es el hablar de los niños, que es no acertar a decir
y dar a entender qué hay que decir" (55).

fuera de la puesta en espacio de sus unidades significantes (1981b, 74-75). Reproduzco los últimos versos de "un árbol se eleva..." (*Las ínsulas extrañas*, 1933) de Westphalen:

. . . .
El alma agua hablar agua caminar gotas damas ramas
    agua
Otra música alba de agua canta música agua de alba
Otra música otra hoja
Crece el árbol
Ya no cabe en el cielo en el alma
Crece el árbol
Otra hoja
Ya no cabe el alma en el árbol en el agua
Ya no cabe el agua en el alma en el cielo en el canto en
    el agua
Otra alma
Y nada de alma
Hojas gotas
Ramas almas
Agua agua agua agua
Matado por el agua (33)

El desvarío lingüístico que parece poseer al hablante propone, más que la veladura del sentido, una iluminación transrracional que produce la misma fascinación que el saber bárbaro ejercía sobre los griegos. Sólo que en este caso se hace patente el hecho de que, a pesar de compartir el lenguaje de la ortodoxia, su organización (o desorganización) es la de un lenguaje bárbaro por extraño y trangresor, es decir por balbuciente. Las repeticiones fónicas, las aliteraciones, las incongruencias sintácticas, la presencia de elementos inconexos y la aparente falta de ilación de este poema recuerdan, más que a los experimentos surrealistas que Westphalen conocía muy bien, a los versos del *Cántico Espiritual*:

. . . .
Mi Amado las montañas,
los valles solitarios nemorosos,
las ínsulas extrañas,
los ríos sonorosos,
el silbo de los aires amorosos . . . . (15)

Luce López-Baralt (1990) ha señalado que la incoherencia de la que se vale San Juan para expresar la experiencia espiritual, si bien no es un fenómeno nuevo en la historia de la literatura mística, ofrece arduas dificultades de interpretación, incluso para el Santo. Estas dificultades se acentúan con la notable ausencia de verbos y conexiones lógicas que introduce silencios no sólo entre los versos, sino en el interior de los versos mismos. López-Baralt recuerda la admiración de Jorge Guillén ante el sobrecogedor espacio de silencio que se abre entre "Mi Amado" y "las montañas":

> ¿Cómo se debe escribir el primer verso? ¿Poniendo una coma o dos puntos entre "Mi Amado" y "las montañas"? ¿O supliendo, como diría el gramático, el verbo ser? "Mi Amado es las montañas", sin más, ¿constituiría un despropósito... herético? Peor es la solución en algunas traducciones: "Mi Amado es como las montañas", interpretación que adolece de inexactitud y vulgaridad. Sin embargo, "es" reaparece en la explanación de cada verso. Puesto que "cada una de estas grandezas que se dicen son Dios, y todas ellas juntas son Dios", San Juan afirmará en su comentario: "Estas montañas es mi Amado para mí". (Guillén, 107)

Estas observaciones de Guillén lo llevan a concluir que el misterioso blanco interpuesto entre "Mi Amado" y "las montañas" es un instante de silencio que "designa y ofrece algo que sobrepuja el amor terrenal" (107). Esta conclusión se rinde ante la imposibilidad de explicar aquello que el

Santo mismo llamó sus "dislates". La documentada indagación filológica de López- Baralt explica la ausencia de los verbos *ser* y *estar* como una reminiscencia de la poesía en lenguas semíticas como el hebreo, donde la ausencia de verbos copulativos en las frases pronominales es tan natural como el uso indiscriminado de tiempos verbales.[13] Esta puntualización filológica no invalida las observaciones ni las perplejidades de Guillén, antes bien las explica, otorgándoles una dimensión cuyas proyecciones son útiles para leer los "dislates" lingüísticos de muchos poemas de Westphalen y Gonzalo Rojas, cuyo escaso apego al uso de verbos copulativos y conexiones lógicas obedece, más que a un deseo de restablecer el misticismo religioso, a un deseo de escapar de la tiranía del alfabeto y proponer nuevas maneras de hacer leer.[14]

La puesta en escena del balbuceo se convierte, en muchos casos, en la dolorosa imprecación contra el mundo como la creación de un dios inexperto. Esta visión está presente en el poema "Espergesia" de César Vallejo ("Yo nací un día/ que Dios estuvo enfermo" (201)) y en la degradación del mito cristiano de la creación como dicción divina, tal como lo describe *El libro de barro* de Blanca Varela:

13. Ver López-Baralt (1990), especialmente el capítulo titulado "San Juan de la Cruz: una nueva concepción del lenguaje poético" (19-85).
14. La filiación sanjuanina de Wesphalen no sólo está presente en el título de su primer libro (*Las ínsulas extrañas*), sino en una admiración sin reticencias que impide, sin embargo, la identificación con un supuesto misticismo: ". . . [es] natural mi desconcierto cuando me entero que el simple hecho de haber puesto —para identificar unos poemas— una línea de la más hermosa y enigmática poesía que se haya escrito en español sea interpretado como indicio (y hasta demostración) de una vena mística en mi obra. No ha habido más grande poeta en la lírica española que el Santo. Admiro igualmente la prosa . . . Me inclino reverente ante su extraordinaria figura de místico y mártir. . . Pero no veo que mi veneración y reverencia establezcan relación alguna de cercanía y parentesco espiritual con él —ni que en los poemas por mí publicados haya el menor asomo de misticismo" (1987, 46).

La mano de dios es más grande que él mismo.
Su tacto enorme tañe los astros hasta el gemido.
El silencio rasgado en la oscuridad es la presencia de
su carne menguante.

Resplandor difunto siempre allí.   Siempre llegando.
Revelación: balbuceo celeste" (1993, 9).

Estos versos, cuyas raíces se hunden en las blasfemias
románticas de Herder y Nerval, sacuden la noción de Dios
como Verbo y lo reducen a un penoso balbuceo culpable.
Esta situación —que, bien vista, adapta las especulaciones
de Méndez Plancarte y Sollers a los sucesos de la historia
contemporánea— es útil para explicar cómo la representación
poética del balbuceo puede configurarse como acto de resistencia frente a un poder represor. Aludiendo a los poemas
de Gonzalo Rojas, Nelson Rojas ha observado que "el aspecto
tartamudeante que adquiere a veces la sintaxis del poeta se
percibe con bastante claridad en poemas que tienen que ver
con la tragedia del 11 de septiembre de 1973" (73-74)[15]. Las
trangresiones gramaticales producidas por las violentas
intromisiones del silencio denuncian la presencia de un dolor
extremo que "pone cerrojo a los labios" (Pizarnik, 1992, 35)
y sabotea constantemente la fluidez del habla, como ocurre
en el poema "Cifrado en octubre" (*Oscuro*, 1977):

Y no te atormentes pensando que la cosa pudo haber sido
     de otro modo,
que un hombre como Miguel, y ya sabes a qué Miguel
     me refiero,
a qué Miguel único, la mañana del sábado
cinco de octubre, a qué Miguel tan terrestre

15. Se refiere al golpe militar que derrocó al gobierno constitucional de
Salvador Allende en Santiago de Chile.

a los treinta de ser y combatir, a qué valiente
tan increíble con la juventud de los héroes . . . . (111)

Para el crítico Nelson Rojas la interrupción producida
en la frase "que un hombre como Miguel" del segundo verso
obedece a un "error" lingüístico, ya que exige un complemento que nunca aparece en el poema, aunque la información que se propone permita al lector suponer que el suceso
"cifrado en octubre" sea, por ejemplo, "que un hombre como
Miguel (no debiera haber muerto)" (Rojas, 73). En la segunda
estrofa del poema "Yo que no lloro" (Transtierro, 1979)
dedicado al poeta Floridor Pérez, la aliteración del sonido
"chi" (presente en "chillido", en "Chile" y en el neologismo
"chillantemente"[16]) multiplica el graznido de las gaviotas
creando un tenebroso paisaje auditivo:

Yo que no lloro me ha hecho llorar
este Floridor de Los Ángeles
Combarbalá adentro me ha hecho
con lágrima reír, espantar las moscas me ha hecho,
verlo todo como si nada.

Chile como si nada verlo en su nieve, compararlo
a qué si no a nada, a qué tan lúcido
 y tan rabiosamente cruel sino al frío
del chillido chillantemente sucio de las gaviotas:
                                        Chile
mío y más Chile bajo las estrellas:
                              nada
y todavía nada pero absolutamente
que el párpado debajo de su párpado. (132. Mis subrayados)

16. Se trata de un neologismo cuya construcción paronomásica refuerza el
alcance nacional del chillido al condensar en una sola palabra el verbo "chillar"
y el sustantivo "Chillán" (que otorga la cualidad modal al adverbio). Chillán
es una ciudad del interior de Chile situada al sur de Santiago.

La intromisión del silencio no sólo se produce por la aliteración, sino también por la presencia de encabalgamientos forzados y silencios gráficos que adquieren el valor de interludios de lectura: el verso 9 (que incluye precisamente la aliteración del sonido "chi") anuncia mediante los dos puntos la aparición del graznido espectral de las gaviotas; expectativa que se cumple y no se cumple al ser continuado por un largo silencio gráfico que culmina en la palabra "Chile". Este interludio permite inferir que el chillido mortal de las gaviotas es equivalente al innombrable silencio al que se vio reducido ese país luego del golpe militar de 1973. Esta lectura se ve confirmada por un paralelismo de silencios que ocurre con el verso subsiguiente "mío y más Chile bajo las estrellas". Este verso, que al igual que los anteriores termina con dos puntos, anuncia otro silencio gráfico que reproduce la extensión de la "nada". La equivalencia paralelística entre ambos silencios invita a asociar los vocablos "Chile" y "nada" con el vacío al que suceden, configurando de ese modo la potente denuncia política que subyace al texto.

Los "balbuceos" del hablante no se hacen perceptibles únicamente a través de cambios bruscos de modulación, cortes inesperados de la frase o de reiteraciones fónicas, sino también, mediante la intromisión de enunciados provenientes de otros discursos. En la Introducción a su versión española de las *Poesías reunidas* de T.S. Eliot, José María Valverde (1981) justifica la no traducción de las citas en lengua extranjera "por no romper su secuencia [del poema] y, sobre todo, por no quitar la gracia y la magia a unas alusiones que el poeta sabía que, para la mayor parte de los lectores, no valdrían por su significación literal ni como referencia reconocida, sino por la vaga sensación de otra

voz que no se sabe bien de dónde viene" (24). La magia
y el misterio que ejercen las lenguas "bárbaras" cuando
aparecen incrustadas en el discurso poético no sólo con-
tribuyen a la diversificación de las fuentes de las que
emanan los distintos discursos, sino a la creación de una
falta de sentido que se transforma, para el lector que ignora
su procedencia, en un balbuceo babélico generador de
evocaciones sonoras, emotivas y culturales, como ocurre en
este fragmento de "escultura de palabras para una plaza
de roma" (*habitación en roma*, 1976) de Jorge Eduardo
Eielson:

> . . . .
> ¿qué cosa eres
> verso sin fin
> alineamiento fugaz
> de vocales y consonantes
> qué cosa eres
> macho y hembra confundidos
> sol y luna en un instante?
> no empieza nunca
> no acaba nunca
> lo luminoso y lo oscuro
> no tienen barba ni senos
> significa lo mismo
> el caballo de marco aurelio
> contro il logorio della vita moderna
> cynar
> a beautiful think is a jewel forever . . . . (217)

Los ejemplos podrían multiplicarse incluso con palabras
y versos procedentes de lenguas para nosotros menos ac-
cesibles que el inglés y el italiano, como el japonés en el
caso de la poesía de Sologuren ("Del *shakujachi*/el viento una
vez más/saca lamentos" (225)), el latín en la de Rojas ("co-
mimos/caballo muerto, casi//*super flumina Babylonys, illic*

sedimus/et flevinus (136)), o el arameo en la de Orozco ("en el fondo de todo hay un jardín. /Ahí está tu jardín,/*Talita cumi*" (1975, 98)). En ninguno de estos casos es imposible acceder a la procedencia o a la traducción de los términos extranjeros, pero eso tal vez no sea lo más importante: basta la evocación fónica de los términos inscritos en el discurso para alterar su superficie y sugerir el remoto espacio de donde provienen. Además, como lo dice el poema "Para ser otra" de Olga Orozco, "Una palabra oscura puede quedar zumbando dentro del corazón . . . Una palabra oscura puede volver a levantar el fuego y la ceniza" (94).

El señalado efecto de "barbarie" también se cumple con el uso de aquellas invenciones lingüísticas que Alfonso Reyes bautizó con el nombre de "jitanjáforas" (98). Estas invenciones no son demasiado frecuentes en la poesía de los autores estudiados. Frente a las audacias lingüísticas del vanguardismo (sobre todo en las de Vallejo en *Trilce* y las de Huidobro en *Altazor*) encontramos dos casos que se emparentan con lo que Severo Sarduy denomina "condensación" (1972, 173), mecanismo típicamente barroco donde el silencio está presente en la creación de una nueva realidad a partir del montaje o superposición de signos distintos. En el poema "azul ultramar" (*habitación en roma*, 1976) de Jorge Eduardo Eielson, la reiteración y la mixtura de las palabras "saxofón" y "corazón" multiplican sus equivalencias de sentido, posibilitando la condensación y con ella la creación de dos nuevas realidades lingüísticas: "coraxón" y "saxozón":

. . . .
    ¿En dónde está
    en dónde está
    mi corazón   mi corazón
    tambores bajo el tíber

```
trompetas en el foro
mi corazón          mi corazón
mi corazón          mi saxofón
mi saxofón          mi corazón
mi coraxón          mi saxozón . . . . (186)
```

Un caso semejante ocurre en el poema "Guardo en casa con llave" (*El alumbrado*, 1986) de Gonzalo Rojas:

Guardo en casa con llave a las dos serpientes
dinásticas en
trinche aparte: *Prorsa* (así le puso Stendhal)
es más larga y sigilosa, más
ondulante *Versa*; las dos
vuelan como cisnes cuando les pido
que hagan su ballet en el aire por la noche; de
día más bien duermen dobladas
en siete
. . . .
Además cómo ríen de cada línea loca
que se me ocurre, *Versa*
es la que más confía en lo que hago, y hasta
acaricia mi oreja, *Prorsa* la exacta
me exige menos lujo. —Así no,
me dice: sin
euforia . . . . (194)

La existencia virtual de *Prorsa* y *Versa*, si bien no se halla favorecida como "coraxón" y "saxozón" por la reiteración del paralelismo fónico, descansa en la condensación producida entre "prosa" y "verso" que cifra la inquietante mixtura que alimenta la poesía de Rojas. En ambos casos la condensación funciona, no como un modo del que se vale el inconsciente para subvertir el lenguaje, sino como un modo del que se vale el lenguaje para subvertirse a sí mismo.

IV. La "sumarización" como silencio

En la narratología estructural el término "sumarización" alude a aquellas acciones que no son referidas ni por el discurso directo ni por el indirecto, sino por una referencia que muchas veces ni siquiera indica el contenido de dichas acciones.[17] En la frase "Juan y María gritaron toda la noche", los gritos no se representan como *texto*, sino como *acto*, pues en ningún momento se mencionan las palabras proferidas. De modo semejante, puede ocurrir que un poema se construya a partir de la "sumarización" de otro poema del cual se aluden sus contenidos, sus efectos o sus intenciones, pero nunca sus versos. Esta última característica impide hablar de "pseudo-cita" o de "cita ficcional", pues el poema mencionado sólo existe en el deseo de ser escrito o en la suposición imaginaria del hablante. La poesía modernista ofrece algunos ejemplos. En el poema VI de *Abrojos* (1887) de Rubén Darío, el hablante enumera los prestigiosos materiales que otro poeta utilizó para crear sus versos, ninguno de los cuales aparece reproducido en el poema:

> Puso el poeta en sus versos
> Todas las perlas del mar,
> todo el oro de las minas,
> todo el marfil oriental;
> los diamantes de Golconda,
> los tesoros de Bagdad,
> los joyeles y preseas

17. En el ensayo "Tipología del discurso del personaje en el texto" (1981) Mario Rojas discute la propuesta de Brian McHale en la que define el *sumario diegético* como una "categoría [en la que se] indica que ha habido un acto de habla, pero no se especifica ni su contenido ni su textura verbal". McHale establece una distinción de grado con el *Sumario menos diegético* ("Less 'purely' diegetic") donde "se informa no sólo que ha habido un acto locutivo, sino que se indica, además, el tópico de la conversación" (21).

de los cofres de un Nabab.
Pero como no tenía
por hacer versos ni un pan,
al acabar de escribirlos
murió de necesidad. (127)

El poema "Kerstin" (*Otoño, endechas*, 1959) de Javier
Sologuren —que guarda curiosas semejanzas métricas con
el de Darío— pone en escena el recuerdo del acto de escritura
de "otro" poema, del cual sólo se menciona la situación y
el momento en que fue escrito:

Por el tiempo se alzaban
los árboles y el cielo.
Yo escribía con lápiz,
contigo, con silencio,
palabras como fuentes,
fuentes como misterios
de albas y atardeceres
caídos en el tiempo.
Yo escribía contigo,
contigo y en silencio. (68)

En esta décima arromanzada, el hablante se cuida en
todo momento de mencionar las palabras que escribió aquel
día (o aquella noche). Nos informa únicamente que fueron
"palabras como fuentes, / fuentes como misterios / de albas
y atardeceres caídos en el tiempo"; pero en esas compara-
ciones están ausentes las palabras comparadas: sólo podemos
imaginar el otro poema a partir de la descripción del rapto
creador evocado, pues si aquellas palabras eran "como
fuentes" es posible pensar que, por lo menos, formaron parte
de un poema más extenso que el breve romance que lo evoca.
La distancia temporal que media entre un poema y otro (o
mejor, entre el pasado de la experiencia evocada y el

presente ficticio de "Kerstin") permite suponer que el otro
poema tal vez no haya sido escrito nunca, que fue sólo
el deseo de escribir o la constatación de que dicha experiencia fue en sí misma el silencioso poema que recién ahora
adquiere cuerpo textual.

Otro caso de sumarización lo ofrece el "Poema para
el padre" (*Textos de sombra y últimos poemas*, 1982) de Alejandra Pizarnik:

Y fue entonces
que con la lengua muerta y fría en la boca
cantó la canción que no le dejaron cantar
en este mundo de jardines obscenos y de sombras
que venían a deshora a recordarle
cantos de su tiempo de muchacho
en el que no podía cantar la canción que quería cantar
la canción que no le dejaron cantar
sino a través de sus ojos azules ausentes
de su boca ausente
de su voz ausente.
Entonces, desde la torre más alta de la ausencia
su canto resonó en la opacidad de lo ocultado
en la extensión silenciosa
llena de oquedades movedizas como las palabras que escribo. (51)

Si se recuerda que para Armantrout la "y" inicial establece la relación con una realidad ausente y externa, pero
presente en función de la experiencia propuesta por el poema
mismo, será más fácil comprender que "Poema para el
padre" (no sabemos si biológico, simbólico o literario) no
descansa en el panegírico, sino en la callada continuación
de su canto. El comienzo "in medias res" supone un pre-
texto que —a semejanza del poema "Celia" de Gonzalo
Rojas— evoca las circuntancias de una muerte que se da por
supuesta. Pero evoca también la represión que impedía

cantar al padre: la imposición de silencio exigida por los otros es subrayada varias veces en el poema ("no le dejaron cantar"; "no podía cantar la canción que quería cantar/la canción que no le dejaron cantar"), creando expectativas acerca de ese silencioso canto que en vida se expresaba a través de sus ojos, su boca y su voz ausentes. Estas expectativas se intensifican cuando la hablante declara que luego de su muerte el padre pudo efectivamente cantar, sólo que en ningún momento transcribe palabra alguna de ese canto. A semejanza de "Kerstin" —que, por lo demás, se sitúa en las antípodas de "Poema para el padre"— la hablante sólo enuncia los términos de comparación: "su canto resonó en la opacidad de lo ocultado/en la extensión silenciosa/*llena de oquedades movedizas como las palabras que escribo*" (mi subrayado).

Estos tres últimos versos, además de cifrar la poética de Alejandra Pizarnik, identifican la muerte con la consagración del canto que logra al fin prescindir del lenguaje. La negativa a mencionar o siquiera glosar el canto del padre se podría explicar recurriendo a la fórmula de Lacan: "si no se puede tener la cosa (el objeto perdido) se la mata, al simbolizarla por medio de la palabra".[18] Lejos de traducir en palabras el canto del objeto perdido, la hablante lo convierte en un silencio distinto al silencio represor: un silencio que no puede ser trasmitido por las oquedades movedizas de las palabras y que, sin embargo, está contenido en el poema que se convierte en la continuación (y la revelación) del canto del padre y en el salvaguarda de su silencio.

18 Esta fórmula —que, como observa Anthony Wilden, se origina en las especulaciones de Kojève— tiene su correlato con estos dos aforismos: "El símbolo es, antes que nada, el asesino de la cosa y su muerte constituye en el sujeto la eternalización de su deseo" y "El ser del lenguaje es el no ser de los objetos" (Lacan, 1984 , 84, 155. Mi traducción).

En "¿Cómo será escribir un poema para Demelebé?" (*Porciones de sueño para mitigar avernos*, 1986) de Emilio Adolfo Westphalen se observa una confrontación entre el deseo del poema no escrito y la sumarización de dicho deseo. En esta particular situación, el lector del poema leído (que se halla "dentro" de la página) es convertido en el poema deseado (que se halla "fuera") por medio de las suposiciones del hablante, expresadas a través de inquietantes preguntas:

> ¿Cómo será escribir un poema para Demelebé? ¿Acaso una guirnalda tupida de palabras para que aparezca — de pronto — sobre la página — sirena completa y coleante? Ella misma y ella sola — más grande que todas las palabras — con voz piel cabellera mirada. Dentro o fuera — ¿dónde estás si te veo por doquier? De la red o guirnalda tendida te escapas para invadirlo todo — fuera y dentro — mar que deglute red barca e iluso que quiso pescar inhallable perla.
>
> (El derrotado poeta — perenne en tu gloria — te exalta súbdito orgulloso que le permitieras tu presencia) (201).

Las preguntas que dan inicio al poema construyen mediante posibles (pero nunca contestadas) respuestas al objeto deseado, cuyo erotismo no excluye el carácter metapoético: el hablante no pregunta *cómo será* Demelebé, sino *cómo será escribir un poema* para Demelebé; el adverbio "acaso" que preside la siguiente pregunta supone, paradójicamente, una de las posibles respuestas que el hablante invalida de antemano: "una guirnalda tupida de palabras para que aparezca — de pronto — sobre la página — sirena completa y coleante". Esta posibilidad es sólo una aproximación metafórica de la escritura a través de la cual podría aparecer el objeto de deseo. Obsérvese que la escritura no es la sirena "completa y coleante", sino la guirnalda, cuya oquedad se encuentra enmarcada por una belleza accesoria a la aparición del deseo. El hablante reconoce que dicha aparición no sólo trasciende toda posibilidad de expresión verbal (Demelebé es "más grande que todas las palabras") sino que su condición de sirena le permite eludir cualquier trampa verbal o red que pretenda capturarla. La tercera pregunta ("¿dónde estás si te veo por doquier?") presupone la sorpresiva aparición de Demelebé como interlocutora. El paso del monólogo al diálogo supone una redefinición de los roles comunicativos en el interior del poema, pero no necesariamente un acercamiento entre el hablante y su objeto de deseo. Más bien lo contrario. La derrota del poeta —es decir, el reconocimiento de que la palabra poética jamás podrá convertirse en la encarnación del deseo— adquiere su condición de perpetuidad a partir precisamente de su sub- yugación a la cualidad ilusoria de Demelebé, que es también la cualidad ilusoria del poema deseado y nunca escrito. A diferencia de las sirenas homéricas que atraían con su canto, Demelebé es una sirena cuya ausencia y mutismo la liberan de cualquier posibilidad de ser atraída (representada, con- vocada) por el acto de escritura. Al igual que las sirenas de las que Kafka habla en sus *Parábolas*, Demelebé tiene "un arma más terrible aún que el canto, y es su silencio" (citado por Steiner, 85). Siguiendo la reflexión de Kafka, es posible imaginar que el hablante de "¿Cómo será escribir un poema para Demelebé?" se haya salvado de su canto, pero no de su silencio.

El último caso de sumarización es aquél donde las palabras se convierten en la alegoría de una obra poética. Muchas veces las palabras son mencionadas sólo como "pa- labras", sin especificarse más que la función que cumplen como tales en el interior del poema. "Se me acabó por fin" (*La sed de lo perdido*, 1993) de Eliseo Diego es un poema que ofrece la alegoría de una orquesta musical (compuesta de palabras) que anima el interior de un hablante-poeta que se sabe próximo a morir. Entristecidas por la irrecuperable pérdida, las palabras se marchan, pero antes se despiden de su entrañable amigo, quien se apresta a emprender su largo viaje hacia al silencio:

> Se me acabó por fin lo que se daba
> dentro de mí de extraña, eterna fiesta.
> Como una pobre y triste, oscura orquesta
> las palabras se van. Una cerraba
> lentamente su estuche y me miraba
> como quien hace ver que no se apresta
> sin más ni más a hurtarse. Su modesta
> fineza me hace un bien que no esperaba.
> Vayan todas en paz, amigas mías.
> El silencio es común suerte de todos.
> Aún la más fiel y yo, juntos los dos,
> dejaremos atrás las puertas frías.
> Aunque gracias te doy, de todos modos,
> que hasta el fin me acompañes, buen *adiós*. (262)

Este poema recuerda la fantasía de Blanchot acerca de la muerte del último escritor, salvo por una diferencia esencial: el "gran silencio" que el escritor oye callar en la palabra que muere con él se convierte aquí en una despedida (un "adiós") que se niega a morir porque nunca fue una pertenencia del poeta, sino una compañía.[19] De las cientoún palabras de este soneto sólo la última es mencionada por

---

19. En el Capítulo IV de *El libro que vendrá*, Maurice Blanchot anota: "Es posible imaginarse al último escritor con quien desaparecería, sin que nadie lo supiera, el pequeño misterio de la escritura. Para hacer un poco fantástica la situación, se puede imaginar que ese Rimbaud, aún más mítico que el verdadero, oye callar en sí esa palabra que muere con él. Por último, se puede suponer que, en el mundo y en el círculo de las civilizaciones, se

su nombre y se encuentra, además, resaltada gráficamente
por el empleo de la cursiva. Este interludio le otorga un
papel protagónico en la alegoría orquestal ("acompañar"
significa también ejecutar musicalmente el acompañamiento)
y un status diferencial respecto de las otras, que sólo son
señaladas por el colectivo generalizador ("las palabras se
van"; "vayan todas en paz, amigas mías"), o por el pronom-
bre indeterminado ("Una cerraba lentamente su estuche...").
La despedida a su obra que lleva a cabo el poeta-hablante
es la antesala al silencio que supone la muerte, aunque la
ambigüedad del poema impide saber con certeza a quién
(o a quiénes) alude el verso "El silencio es común suerte
de todos"; pues "todos" puede referirse tanto a las palabras
y a los poetas en conjunto, como únicamente a los poetas,
cuya muerte física es equiparada al silencio mortal. En
cualquiera de los casos, la ambigüedad se ve reforzada por
el empleo de la palabra "suerte", que connota "destino" pero
también "fortuna". El silencio es para el poeta-hablante la
deseada ausencia de sonido (de música "orquestada" por
palabras) y la muerte el gran descanso que permite "por fin"
prescindir de las palabras. Este juego de ambigüedades le
resta al poema el carácter elegiaco y le otorga más bien un
tono melancólico que resalta el amor del poeta-hablante por
sus propias palabras, las mismas que han cobrado vida a
lo largo de su obra.

* * *

percibiría de alguna manera este fin sin apelación. ¿Qué resultaría de ello?
Aparentemente un gran silencio. Esto es lo que se dice cortésmente cuando
desaparece algún escritor: se ha callado una voz, se ha disipado un pensamiento. Cuánto silencio, pues, si ya nadie hablara de ese modo eminente, esto
es, con la palabra de las otras obras acompañadas por el rumor de la fama"
(1992, 245).

"Blanco y negro que no cesa", palabra escrita y luego borrada, apariciones y desapariciones: la alternancia entre palabra y silencio no se reduce a la expresión complementaria de significación y no-significación, sino a dos maneras distintas de significar que muchas veces entran en conflicto. El reconocimiento de que el ritmo oral y el ritmo gráfico suponen maneras diferentes de leer los silencios se traduce en la oposición entre poemas de "ritmo primordialmente visual" y poemas de "ritmo primordialmente oral". Al ser poseedores de una altísima conciencia de ser artefactos verbales, los primeros se valen con más frecuencia de interludios de lectura (variantes tipográficas, paréntesis, espacios blancos, caligramas, que subrayan la condición escrita del poema); los segundos, en cambio, representan al silencio utilizando estrategias que responden al sistema oral: el balbuceo y el tartamudeo como interferencias del discurso, "ritmo esfinteriano" como retención calculada (o censurada) de las palabras, la "sumarización" que ocurre cuando un poema se construye a partir de la referencia de otro del cual sólo se aluden sus contenidos, sus efectos o sus intenciones, pero nunca sus versos.

La lectura de los poemas que ilustran esta oposición demuestra, una vez más, la ineficacia de las clasificaciones: los recursos señalados para ambos tipos de poemas no sólo se entrecruzan libremente, sino que dicha libertad deviene en la subrayada nostalgia por el canto que posee a los "poemas de ritmo gráfico" y en la conciencia, por parte de los poemas de "ritmo oral", de ser al fin y al cabo artefactos verbales instalados en una página. El capítulo siguiente es una exploración de los límites de ese entrecruzamiento. Las posibilidades de representación del silencio como mutilación y represión trasgreden y a la vez unifican los recursos provenientes de la grafía espacial y la oralidad. Para ello es sumamente importante tomar en cuenta cuestiones vinculadas con el acto de creación poética y las estrategias textuales de representación del silencio tal como han sido estudiadas en los capítulos previos.

IV

VIII

"LA NIEVE MANCHADA QUE SOLLOZA": SILENCIO, MUTILACIÓN Y REPRESIÓN

Sentirse amputado — pero no de un miembro (un brazo una pierna) sino de algún órgano vital (¿el corazón? — ¿el alma?). El entumecimiento gana avasallador el centro mismo. (¿Presunción de la indiferencia y la indiferenciación totales?)

Emilio Adolfo Westphalen

. . . la oreja
de lejos, de la mutilación, es lo que oye uno,
la nieve manchada que solloza

Gonzalo Rojas, "Conjuro"

ESTE ÚLTIMO CAPÍTULO aborda cuatro aspectos particularmente imbricados, cuyo común denominador está dado por la mutilación y la represión (sea personal, social o política) como modos de representación que hacen indiscernible el proceso creativo de la lectura del poema. En el primer apartado se analiza, a partir de la diferencia lacaniana entre el silencio impuesto sobre la palabra ya existente (*taceo*) y el silencio de las pulsiones (*sileo*), la manera en que las borraduras, las omisiones, las heridas versales y la mudez (voluntaria o impuesta) se presentan textualizadas en el poema, reclamando valores de significación cuyos contenidos no están necesariamente inscritos en la superficie de dichos poemas. El segundo ofrece

181

distintos casos de poemas que, al construirse, se van devorando a sí mismos; se trata de poemas "autofágicos", cuyo proceso de construcción textual se encuentra permanentemente asediado por la tensión entre silencio y escritura. El tercero se detiene en los vínculos entre mutilación, cuerpo y silencio a partir de las especulaciones de Severo Sarduy acerca del soporte material de la obra de arte como cuerpo (y de las palabras como "vestido"). El último apartado da cuenta de aquellos poemas que, lejos de proponer un panegírico del silencio o una idealización de sus inalcanzables poderes, proponen la destrucción del silencio. Destrucción que, sin embargo, sólo es posible a partir del reconocimiento de los poderes del silencio.

I. Mutilación y represión

En su estudio *La cultura del barroco*, José Antonio Maravall explica la "práctica de lo inacabado" como procedimiento de suspensión y participación activa del público que se opone en cierto modo al concepto de "horror vacui" y recuerda, más bien, las teorías psico-perceptivas de la Gestalt:

[Se trata de] un procedimiento en el que se espera que el ojo contemplador acabe por poner lo que falta, y por ponerlo un poco a su manera. Toda la pintura de manchas o "borrones", de pinceladas distantes, etc. es, en cierta medida, una "anamorfosis", que reclama sea recompuesta la imagen por la intervención del espectador. (Maravall, 442)[1]

1. Es sorprendente la similaridad de la propuesta de Maravall con la teoría gestaltiana tal como la reseña Raman Selden: "La filosofía de la Gestalt sostiene que la mente humana no percibe los objetos del mundo como trozos y fragmen-

Maravall menciona el caso de Shakespeare, cuyos "descuidos" —observados por la crítica para referirse a sus últimas obras en contraste con el pulimento de las primeras— no se explican por dejadez, abandono o cansancio, sino por el gusto barroco por lo inacabado que conduce a la suspensión, es decir, a la participación activa de un público (autor)izado a completarlas. Refiriéndose a la poesía de Quevedo, Maravall sostiene que "se comprende que una dosis de desaliño entre, con rigurosa significación histórica, en la estética del barroco, la cual, en los más extremados casos, toma aires de desgarro" (444). Esos "aires de desgarro" están presentes en muchos poemas contemporáneos, los mismos que se presentan deliberadamente mutilados (o reprimidos) configurando silenciosas heridas textuales. En muchos de estos poemas podría hablarse de inacabamiento y descuido en el sentido que propone Maravall para el arte barroco: algo que alguna vez fue completo se presenta como el testimonio de su inevitable y dramática fragmentación. Pero es precisamente en ese inacabamiento o descuido que el poema se constituye como la respuesta a una represión que actúa opresivamente sobre él; de ese modo, la mala conciencia que supone el dicho popular "el que calla otorga"

tos sin relación entre sí, sino como *configuraciones* de elementos, temas o todos organizados y llenos de sentido. Los mismos objetos parecen distintos en contextos diferentes y, aun dentro de un mismo campo de visión, son interpretados de distinto modo según formen parte de la 'figura' o del 'fondo'. Estos y otros enfoques han insistido en que el observador interviene activamente en el acto de la percepción" (Selden, 127). En un ensayo pionero ("Gestalt Theory", 1924) Max Wertheimer propone que la "fórmula" fundamental de la teoría gestaltiana podría ser expresada de este modo: "Hay totalidades cuyo comportamiento no se encuentra expresado por sus elementos individuales, sino por los procesos parciales que están determinados ellos mismos por la naturaleza intrínseca del todo. Esta es la esperanza de la Teoría de la Gestalt: determinar la naturaleza de semejantes totalidades" (2. Mi traducción).

se transforma en la opción de callar como resistencia frente a una coerción ideológica, psicológica e incluso literaria.

En este punto se hace necesario recurrir al deslinde propuesto por Lacan entre silencio del *sileo* y silencio del *taceo*.[2] Este deslinde recupera una tradición semántica que, al menos en español, confronta dos ideas opuestas: la de elegir el silencio como opción voluntaria y la de ser víctima de su imposición por parte de terceras personas. Si la primera está vinculada con el silencio del *sileo*; la segunda, en cambio, está vinculada con el silencio del *taceo*, y evidencia una posición subordinada en las relaciones de poder. La supervivencia del verbo "tachar" (esto es, borrar lo ya escrito hasta hacerlo ininteligible) supone un ejercicio de violencia implícito en expresiones como "tachar a una persona", presente, por ejemplo, en la imposición de San Pablo que obligaba a las mujeres a guardar estricto silencio en la iglesia: "Mulier *tacet* in ecclesia".

La distinción entre *sileo* y *taceo* es útil para desentrañar la contradicción que subyace a la obra de muchos autores que si por un lado valoran las virtudes del silencio, por el otro se niegan a aceptar cualquier tipo de coerción que pretenda acallarlos. Un caso emblemático es el de Quevedo: la alabanza del silencio y la soledad que propone el soneto "Desde la Torre" ("Retirado en la paz de estos desiertos,/ con pocos, pero doctos libros juntos,/vivo en conversación con los difuntos,/y escucho con mis ojos a los muertos" (49)) contrasta con la airada epístola dedicada al conde de

---

2. Sobre este punto J.D. Nasio acota lo siguiente: "Mientras que el silencio de la represión implica que algo ya-ahí, existente, ha sido reprimido, el de la forclusión expresa por el contrario la abolición de lo que debía advenir a la luz del día, pero que no ha advenido . . . A diferencia del silencio activo de la represión, que corresponde al taceo, el de la abolición forclusiva parará en el sileo" (111).

Olivares ("No he de callar, por más que con el dedo,/ya tocando la boca o ya la frente,/silencio avises o amenaces miedo"(447)), que resucita la memoria de Harpócrates, dios del silencio que los gentiles representaban con un dedo amenazador en la boca (Covarrubias, 895). Podría argüirse que este contraste responde a la diferenciación entre un Quevedo intelectual y otro político si no fuera porque esa suerte de esquizofrenia literaria responde menos a una necesidad clasificadora de la crítica que a un conflicto que continúa afectando a los escritores de manera tal vez más dramática.[3] El silencio impuesto por los regímenes totalitarios (para no hablar de las sutiles imposiciones que se revelan de manera menos brutal pero no menos efectiva en los sistemas liberales) es un silencio de muerte que nada tiene que ver con el espacio generador de la palabra poética, salvo cuando el inacabamiento o el descuido se convierten en la expresión de una resistencia todavía capaz de expresarse. Un poeta tan cercano al silencio como Gonzalo Rojas ha escrito en la presentación de su antología *Del relámpago*:

Porque, dicha o desdicha, todo es mudanza para ser. Para ser y más ser, y en eso andamos los poetas. Tal vez por ello mismo no funcionemos tan bien en ningún negocio; ni del Este ni del Oeste. Y nuestro negocio único tenga que ser la libertad. Libertad que a veces uno confunde

---

3. En un texto de 1959 titulado "El milagro hueco", George Steiner hace una desgarrada reflexión sobre el idioma alemán en la época del nazismo y el papel que jugaron los intelectuales. Steiner cita el fragmento de una carta de Thomas Mann que resume un conflicto que —palabras más, palabras menos— continúa aún vigente: "¿Debe guardar silencio un escritor alemán, que es responsable del idioma porque lo usa constantemente, guardar absoluto silencio ante todos los males irreparables que se han cometido y que se cometen día tras día, especialmente si ello tiene lugar en el propio país, contra el cuerpo físico, el alma y el espíritu, contra la justicia y la verdad, contra la humanidad y el individuo?" (142).

con el salvacionismo solidario o la adhesión total; a mí
me ha pasado. No mucho, desde el momento que ya de
niño mi única conducta o militancia fue siempre la poesía, pero me ha pasado. Claro que no hasta el punto de
confundir poetizar con politizar porque eso sería servi-
dumbre, y alejarse del Misterio. Y yo creo en el misterio.
*Ahora, que si me harté hasta el hartazgo de cualquier modo de
consignismo, sin haber cedido nunca a su tentación, no iba a
adherirme al otro fariseísmo de callar.* De callar sucio, porque si no lo dices se te seca la lengua, y adiós vidente
mío. Nada nunca con la mutilación temática justo porque
el poeta es él y más que él: uno y todos los mortales . .
. . (1981, 9. Mi subrayado)

Pero el silencio del *taceo* también se manifiesta en otras
formas más sutiles. La lucha contra la coerción ideológica
(tenga la forma de una represión política, personal o social)
transforma muchas veces el miedo de hablar en un hablar
sobre el miedo: la mutilación, el inacabamiento, la atenuación
de las conexiones, los comienzos *in medias res*, los vacíos
gráficos, las tachaduras y todos aquellos interludios de
lectura que sabotean la fluidez del decir, se convierten en
representaciones del silencio que adquiere de este modo
categoría textual. Estamos, pues, frente a casos especiales de
representación donde el silencio textualizado no sólo reclama
la intervención del espectador (como ocurre con la práctica
de lo inacabado señalada por Maravall), sino que se erige
como resistencia frente a la represión que impone el
silenciamiento de la palabra.

En la primera parte del poema "Sol en Piscis" de Olga
Orozco (*Los juegos peligrosos*, 1962) se lee:

Solamente los muertos conocen el reverso de las piedras.
Solamente las piedras conocen el reverso de los muertos.
Lo sé.

A veces las estatuas vuelven a abrir en mí ciertas heridas
o toman el color de las acusaciones que me impiden
dormir.
Pero hay pruebas que nadie quiere ver.
Se atribuyen al tiempo, a las tormentas.
a la sombra de pájaro con que los días se alzan o se dejan
caer sobre la tierra.
Nadie quiere pensar que hay muchas muertes por cada
corazón.
Tantas como muertos nos lloren.
Tantas como piedras los sigan lamentando.

Existe una canción que entre todos levantan desde los
fríos labios de la hierba.
Es un grito de náufragos que las aguas propagan
borrando los umbrales para poder pasar,
una ráfaga de alas amarillas,
un gran cristal de nieve sobre el rostro,
la consigna del sueño para la eternidad del centinela.

¿Dónde están las palabras?
¿Dónde está la señal que la locura borda en sus tapices a
la luz del relámpago?
Escarba, escarba donde más duela en tu corazón.
Es necesario saber como si no estuvieras . . . . (111)

Este fragmento admite una lectura política y profética
de la situación argentina de los años 60 y 70: la tragedia
de los desaparecidos, el silencio que rodea la verdad acerca
de los más horrendos crímenes, el miedo de aceptar las
pruebas más obvias, el temor a pensar en las muertes que
pesan como un fardo en la conciencia, conducen a la hablante
a una demanda por la canción como reclamo ante la coerción
impuesta por el silencio.[4] La sumarización que supone la

4. Esta actitud es en apariencia contraria a la que expresa el poema "El
despertar" de Alejandra Pizarnik, donde la autoimposición de silencio es necesaria para escuchar el grito de los condenados: "Es el desastre/Es la hora del

segunda estrofa revela la azarosa existencia de dicha canción ("Es un grito de náufragos que las aguas propagan
borrando los umbrales para poder pasar"), pero no nos
revela ninguna palabra de la canción misma. De modo
semejante, las preguntas de la tercera estrofa tienen como
única respuesta el silencio. El reclamo por la palabra exige
su angustiante búsqueda ("Escarba, escarba donde más
duela en tu corazón"); pero, aun cuando su hallazgo no
signifique necesariamente la posibilidad de formularla, la
sola formulación de esa imposibilidad es ya la expresión
del canto que el poema mismo revela:

. . . .
Sin embargo, esta palabra sin formular,
cerrada como un aro alrededor de mi garganta,
ese ruido de tempestad guardada entre dos muros,
esas huellas grabadas al rojo vivo en las fosforescencias de
    la arena,
conducen a este círculo de cavernas salvajes
a las que voy llegando después de consumir cada vida y
    su muerte . . . (1979, 113)

Ante ese silencio, que se asemeja a las pequeñas flores
del poema 5 de *Árbol de Diana* que danzan "como palabras
en la boca de un mudo" (Pizarnik, 203), existe también el
silencio de quien decide callar como resistencia frente al
poder. El miedo a hablar puede en algunos casos transformar
el silencio en una estrategia defensiva que permita preservar
ciertos saberes (personales, religiosos, sociales) que no es
conveniente revelar. Las observaciones de Josefina Ludmer
(1984) sobre los silencios de Sor Juana en su *Respuesta a Sor*

vacío no vacío/Es el instante de poner cerrojo a los labios/oír a los condenados
gritar/contemplar cada uno de mis nombres /ahorcados en la nada..." (1992,
34-35).

Filotea de la Cruz (que ella llama "tretas del débil") se inscriben de lleno en esta categoría.[5] Lo mismo las enigmáticas palabras con las que Rigoberta Menchú termina su testimonio: "Sigo ocultando lo que yo considero que nadie sabe, ni siquiera un antropólogo, ni un intelectual, por más que tenga muchos libros, no saben distinguir todos nuestros secretos" (271). Confesión donde se observa, una vez más, que el control del discurso supone necesariamente el control de los silencios: lejos de suprimir la mención a sus "secretos" (y con ello negarles carta de presencia), la hablante los textualiza y consigue llamar la atención sobre ellos, a la vez que silencia astutamente sus contenidos. En los términos de la combinatoria propuesta por Ludmer, Rigoberta Menchú dice que no va a decir para preservar su saber (que es también un "poder"), y mantener de ese modo su identidad social.

Hechas estas reflexiones veamos tres casos de mutilación. El primero pertenece a un poema de Alejandra Pizarnik titulado "Fronteras inútiles" (*Los trabajos y las noches*, 1965), donde los espacios blancos corresponden a palabras (a sentencias) no dichas, pero anunciadas sintácticamente. Esos espacios configuran los lugares de una espera inútil donde la palabra ausente no acude a la cita, generando un angustiante silencio que hace imposible toda reconciliación:

---

5. En "Las tretas del débil" Josefina Ludmer propone que en su *Respuesta a Sor Filotea de la Cruz*, Sor Juana trabaja con una matriz de sólo tres elementos —*saber, decir* y *no*— cuyas conjugaciones y modulaciones son utilizadas para desmontar una relación subalterna ante la voz de la autoridad: "Decir que no se sabe, no saber decir, no decir que se sabe, saber sobre el no decir: esta serie liga los sectores aparentemente diversos del texto (autobiografía, polémica, citas) y sirve de base a dos movimientos fundamentales que sostienen las tretas...: en primer lugar, separación del campo del saber del campo del decir; en segundo lugar, reorganización del campo del saber en función del no decir (callar)" (48).

un lugar
no digo un espacio
hablo de
             qué
hablo de lo que no es
hablo de lo que no conozco

no el tiempo
sólo los instantes
no el amor
no
        sí
no

un lugar
de ausencia
un hilo de miserable unión. (249)

En una entrevista concedida a Marta Moia meses antes de morir, Alejandra Pizarnik había declarado: "[el poema se escribe] para reparar la herida fundamental, la desgarradura. Porque todos estamos heridos" (citado por Julieta Gómez Paz, 20). ¿Cuál era esa "herida fundamental" para Alejandra Pizarnik? El decir incompleto (o suspendido) de "Fronteras inútiles", si bien revela que las dificultades para decir el silencio se estrellan despiadadamente contra el muro del lenguaje, revela también un poderoso mecanismo de auto (o extra) censura. De manera semejante a la sesión psicoanalítica, donde la detención del decir se resuelve en un silencio activo que invita a la interpretación, en "Fronteras inútiles" la detención del decir se transforma en discurso: los vacíos y ausencias conforman heridas textuales, que en muchos casos se presentan como dolorosas quemaduras que comunican la imposibilidad de comunicar.[6] En un ensayo dedicado

6. Desde una perspectiva comunicacional, Carlos Castilla Pino señala que "el silencio es un hacer mismo (recuérdese la expresión "se ha hecho

a Alejandra Pizarnik, Julieta Gómez Paz compara su aventura poética con la de Rimbaud y concluye que Alejandra "[e]scribió sus silencios y sus noches y hasta logró decir lo inefable. Quiso ser 'ladrona del fuego' pero fue la 'quemada'" (12). En la poesía de Alejandra Pizarnik términos como "herida" y "quemadura" se despojan de su carácter metafórico para convertirse en atributos textuales. Esta conversión obliga al lector a considerar la estrecha relación que existe entre cuerpo textual y cuerpo biológico. Sobre eso volveremos más adelante.

El segundo caso, pertenece a Jorge Eduardo Eielson y se titula "poema mutilado" (*habitación en roma*, 1976):

apareces...
....y desapareces
......................agua gritando como obeliscos
señalando el fin de...
....abismos
....................lago
de especies desaparecidas..................arena..................
....última línea
de fuego...
....
....
y lejos...apenas entrevista
..........................el lobo hambriento y el eclipse pasan
apareces...
....y desapareces

silencio"), un decir, lo cual es una paradoja aparente que se enunciaría así: *en el silencio no se dice* (verbalmente) *nada, pero se dice* (extraverbalmente) *que no quiero, o no debo, o no puedo decir aquello que callo.* De manera que el silencio no es no-decir sino callar, silenciar aquello que no se quiere, no se debe o no se puede decir. En la terminología de los comunicólogos puede enunciarse de esta forma: con el silencio, comunico que no quiero, no debo, o no puedo comunicar" (1988, 80. Sus subrayados).

        magnitud ígnea...............................
....
        (280)

    En este "poema mutilado" el recurso es más obvio
porque hace evidente la voluntad de mostrar gráficamente
su deterioro: el poema aparece como un árbol semipelado
al que el viento le ha arrebatado sus hojas. Los fragmentos
sobrevivientes a la mutilación sugieren, sin embargo, la idea
de un estar y no estar (y de un ser y no ser) como señal
del fin de algo muy terrible cuyo sentido sólo podemos
entrever a partir de la escasa información que ellos mismos
ofrecen. Este poema exige una mayor participación del lector,
quien deberá leer los vacíos (los silencios) para reconstruir
gestaltianamente el discurso de la totalidad perdida. A
diferencia del poema de Pizarnik, donde el acento está
puesto en la detención de la palabra (esto es, en la interrupción de un decir que actúa como síntoma de la censura que
agobia a la hablante), el poema de Eielson sufre la presencia
de un silencio que erosiona y anula lo que alguna vez fue
terminado y completo. El participio del título ("poema
mutilado") pone el acento en la naturaleza del poema como
el resultado final de un proceso de violencia que acusa su
gradual desaparición.
    El último caso se encuentra en el Fragmento VI de "Arte
de la peste" (Cielo forzado, 1988) de Carlos López Degregori,
donde la mano censora ha suprimido algunas palabras, pero
dejado constancia de la cicatriz textual: la tachadura que
reemplaza (o, más bien, cubre) la palabra, activando de ese
modo el silencio del taceo:

        Señora Hetaira de los lobos
        con tu manto de moscas

y tus dientes cariados
  y tu ■■ ■■ ■■ retintín
Tráeme agua el próximo verano, vendas, un cauterio
y juntos desencerremos.

Que la peste nos enseñe
■■

Sea borrado tu nombre ■■ ■■ ■■ y ■■
    tu bosque de huesos mondos
    y cuartos ■■ despoblados:
risa ■■ de enfermos que ponen sus ■■ piernas a secar.

No creo más en lo que pierdo.
En el camino que marqué con guijarros ■■
    para regresar en la noche
con mis apestados transparentes. (123)

La supresión de palabras no significa aquí la supresión
de los sintagmas, sino su flagrante expulsión del poema que
queda mutilado: al representar la ausencia virtual de la
palabra —que no es reemplazada por otra—, cada tachadura
(cada cicatriz) potencia un silencio que es, a la vez, la
virtualización de un paradigma donde se hacen presentes
todas las palabras que pueden cubrir el agujero para completar la cadena sintagmática. Nótese que no se trata de
"blancos", sino de "negros": tachaduras que ocultan palabras
que estuvieron (y aún están) bajo el poder de la censura.
El contexto marcado por la lectura del poema y del libro
al que pertenece, la selección gramatical y semántica, además
del respeto al patrón rítmico son recursos que impiden a
los lectores completar, pongamos por caso, el verso ante-
penúltimo con una palabra que no sea 1. un adverbio, 2.
un adjetivo masculino plural, 3. un verbo pretérito en
primera persona, 4. otro sustantivo plural. Su significado,
además, deberá estar razonablemente acorde con el espíritu

del poema. Asistimos a la mutilación como *suspense*, la misma que ocurre involuntariamente en el poema del mexicano Ramón López Velarde titulado "El sueño de los guantes negros" de 1921 e incluido en la colección póstuma *El son del corazón* (1932). Se sabe que este poema fue efectivamente terminado y que López Velarde, quien solía leer el manuscrito a sus amigos, conservaba el original doblado en el bolsillo. Con el tiempo, las esquinas del doblez hicieron ilegibles ciertas palabras que, en la mayoría de las ediciones, aparecen reemplazadas por puntos suspensivos. Sin embargo, en las *Obras* de López Velarde (1990) se observa con sorpresa que los tradicionales puntos suspensivos se encuentran reemplazados por palabras, con la siguiente nota al pie de página: "En lugar de los puntos suspensivos que indicaban palabras ilegibles en el original, se añaden, entre corchetes, posibles complementos de un colaborador anónimo". Reproduzco las dos estrofas finales, que son las afectadas:

. . . .
¡Oh prisionera del valle de Méjico!
Mi carne [urna] de tu ser perfecto,
quedarán ya tus huesos en mis huesos;
y el traje, el traje aquel, con que tu cuerpo
fue sepultado en el valle de Méjico;
y el figurín aquel, de pardo género
que compraste en un viaje de recreo.

Pero en la madrugada de mi sueño,
nuestras manos, en un circuito eterno
en la vida apocalíptica vivieron.
Un fuerte [ventarrón] como en un sueño,
libre como cometa, y en su vuelo
la ceniza y [la hez] del cementerio
gusté cual rosa [entre tus guantes negros]. (258)

Podrían leerse los puntos suspensivos como el triunfo del silencio que vuelve a imponerse sobre la materia (el papel) sobre el que se inscribió originalmente el poema. Dichos puntos suspensivos son cicatrices textuales involuntarias por parte del autor, agujeros de un sintagma que *alguna vez* estuvo completo. En esos vacíos están las huellas de aquellas palabras que el poeta seleccionó, tal vez arduamente, y que regresaron al silencio original motivando el renovador murmullo de todas aquellas que no fueron seleccionadas. ¿Quién sabe si las palabras elegidas por el "colaborador anónimo" son aquellas que eligió López Velarde? No está en nuestras manos esclarecer la justeza de la elección (que, por lo demás, cumple con los requisitos de ritmo, gramática y semántica) sino observar la revirtualización del paradigma con el que se enfrentó López Velarde en el momento de elaborar el poema y que hizo posible, al escoger *una* palabra, la posible presencia de las otras. Refiriéndose a las teorías post-estructuralistas, Terry Eagleton ha observado que

ningún signo es "puro" o "completamente significativo". Al mismo tiempo que esto sucede puedo descubrir en cada signo —aunque sólo suceda inconscientemente— huellas de otras palabras que excluyo a fin de ser lo que es. "Gato" es lo que es porque excluyó a "pato" y a "dato", pero esos otros signos posibles permanecen inherentes en el primero en cierta forma porque en realidad son constitutivos de su identidad. (157)[7]

7. La huella de los signos excluidos se hace patente en las erratas, que se vengan de su exclusión introduciéndose subrepticiamente en el texto. Alfonso Reyes menciona el caso de la estrofa de Rubén Darío: "Iba en un paso rítmico y felino/a avances dulces, ágiles y rudos,/con algo de animal y de felino/la bailarina de los pies desnudos", donde observa un innecesario aconsonantamiento entre el primer verso y el tercero. Ese problema (repetido en numerosas ediciones) fue solucionado por Enrique Díez-Canedo al descu-

La tarea de "completar" el poema de López Velarde se facilita enormemente si comprendemos que, si bien se trata de sintagmas incompletos, sus componentes visibles están al servicio de la selección de los vocablos faltantes. ¿Cabe imaginar un poema cuyos vacíos negaran cualquier pista que permitiera su completamiento? Tal poema sería un monstruo que comprometería en partes iguales los deseos del autor, el lector y el texto mismo. En el capítulo catorce de la novela *El mundo alucinante* de Reinaldo Arenas, más exactamente en la alegoría de "la tierra de los que buscan", se describe a un poeta que dedicó toda su vida a la creación de un poema genial, pero que para terminarlo faltaba sólo una palabra. El desdichado, que iba "tras ella ya hacía más de veinte años . . . sin encontrarla ni por equivocación" (92), accede a leerle su composición a Fray Servando y

cuando ya la composición concluía, el poeta cesó en su lectura, y nos dejó en suspenso: aguardando al final al que sólo faltaba una palabra. Pero la palabra no se dijo. Y fue como si después de haber saltado un gran precipicio y estar ya en la otra orilla resbalásemos como un pequeño pedruzco y fuéramos a dar al vacío. Así fue que nuestro poeta dobló otra vez sus papeles, ya amarillentos, y luego de una gran inclinación se marchó murmurando: "Vencido". "Tormento". "Estancia". "Extremos". "Tinieblas". "Manos"... Y así iba repitiendo y desechando palabras y más palabras, como quien buscase en una playa una concha imaginaria, y sólo tropezase con las verdaderas. (92-93)

brir que el *felino* del primer verso usurpa el lugar de la palabra *divino* (Reyes, 173). El origen de la errata puede explicarse por un descuido o por un deseo de enmendarle la plana al poeta por parte del cajista o del editor, pero en cualquiera de los casos la palabra impostora *ya estaba* en el espacio de la palabra elegida, formando parte de su identidad.

La situación propuesta por Arenas plantea una interrogante, pues si bien en el texto del poeta (en sus "papeles amarillos") la ausencia de la palabra final es un silencio que impide la terminación del poema, ¿ese silencio no es, acaso, el intolerable murmullo de un paradigma infinito donde es posible barajar palabras tan disímiles como "Manos" o "Estancia"? Ese silencio está rodeado por un monstruoso asedio de palabras que agobia no sólo al poeta, sino, también, a sus lectores. Compadecido por la situación e intrigado por la insastifacción del suspenso, el personaje Fray Servando (es decir su interlocutor-lector) le habla en estos términos: "Tienes que encontrar la palabra, dije entonces. Y en verdad me sentía conmovido. Y yo mismo me puse a rebuscar en mi vocabulario: 'Tristeza'. 'Huida'. 'Encierro'. 'Hoguera'..." (93).

Aun reconociendo que de un modo u otro todo poeta pertenece a la "tierra de los que buscan", el poema descrito por el personaje Fray Servando es un imposible: del mismo modo que un texto convoca la multiplicidad de otros textos, no hay palabra que no atraiga otras palabras, ni imagen que no se corresponda con otras, aun cuando esas otras se encuentren perdidas. En una reflexión incluida en *Claros del bosque*, María Zambrano sostiene que todas las palabras, "por únicas que se nos aparezcan, por solas que vayan y por inesperada que sea su aparición, aluden a una palabra perdida" (1993, 87). La radical desconfianza frente a la expresión poética que podría deducirse de esta declaración se ve menguada por la posibilidad (sugerida por la misma Zambrano) de que esa palabra única y esquiva esté señalada por "aquellas privilegiadas palabras apenas audibles como murmullo de paloma: *Diréis que me he perdido, —Que, andando enamorada—, Me hice perdidiza y fui ganada*" (1993, 87).

198

Esta reflexión encuentra su complemento en una propuesta de Ramón Xirau sobre la caracterización de la poesía moderna a partir de la búsqueda de la palabra perdida: "La poesía moderna muestra, en sus experiencias más álgidas, que en buena parte se ha perdido el significado de la palabra y, al mismo tiempo, que la poesía es una de las rutas para encontrar la palabra perdida" (118). También en un poema de Roberto Juarroz que es, además de una poética definitoria, una meditada teoría sobre el lenguaje poético:

> Toda palabra llama a otra palabra.
> Toda palabra es un imán verbal,
> un polo de atracción variable
> que inaugura siempre nuevas constelaciones.
>
> Una palabra es todo el lenguaje,
> pero es también la fundación
> de todas las transgresiones del lenguaje,
> la base donde se afirma siempre un antilenguaje.
>
> Una palabra es todavía el hombre.
> Dos palabras son ya el abismo.
> Una palabra puede abrir una puerta.
> Dos palabras la borran. (1993, 292)

II. Poemas autofágicos

Las posibilidades de representación del silencio que ofrece la poesía, si bien son capaces de sortear los límites impuestos por la censura (o la autocensura), se estrellan con su expresión más radical cuando se trata de representar las vacilaciones y vaivenes que amenazan el proceso creativo. Los poemas autofágicos se erigen como la puesta en escena del poema que se desea escribir, pero que no se escribirá nunca. El proceso de construcción textual de estos poemas (presentados por un hablante en tiempo presente) está permanentemente asediado por la tensión entre silencio y escritura: sujeto y objeto de su propio mensaje, el poema adquiere un carácter metatextual que amenaza destruir sus propios límites y reducirlo a la nada, es decir, al silencio. Esta es la situación que propone el poema 10 de *Mutatis Mutandis* (1967) de Jorge Eduardo Eielson:

> escribo algo
> algo todavía
> algo más aún
> añado palabras   pájaros
> hojas secas   viento
> borro palabras nuevamente
> borro pájaros   hojas secas   viento
> escribo algo todavía
> vuelvo a añadir palabras
> palabras otra vez
> palabras aún
> además pájaros   hojas secas   viento
> borro palabras nuevamente
> borro pájaros   hojas secas   viento
> borro todo por fin
> no escribo nada (234)

En este poema el hablante describe la trayectoria de un proceso que se inicia con una afirmación del acto de escribir ("escribo algo") y culmina con su negación ("no escribo nada"). El empleo del tiempo presente no sólo instala al hablante en dicho proceso, sino que convierte su voz en el proceso mismo de escritura. Dicho de otro modo: el proceso es quien se narra a sí mismo y, al hacerlo, configura su propia mecánica de construcción/destrucción. Aquí no se trata de la "sumarización" de otro poema ausente, sino del testimonio de las borraduras de un poema que jamás pudo escribirse, y que sin embargo está.[8] Esta aporía, reforzada por el uso de un lenguaje emocionalmente neutro, revela el silencio que emerge y se impone *en* y a partir *de* las borraduras (represiones) que el hablante inflige a su propio discurso. A diferencia del poema citado de López Degregori, donde las tachaduras ocultan para siempre las palabras prohibidas, en este poema la indeterminancia de la palabra "algo" ("Escribo *algo*") y el uso del vocablo "palabras" ("añado *palabras*") nos impiden acceder a aquellas que el hablante declara escribir.

La ambigüedad y la amplitud del signo "palabras" apuntan por un lado a enmascarar las infinitas palabras que se ocultan tras ella, y por el otro a revelar la ausencia de una censura extraverbal (como el borrón negro, los puntos suspensivos o el vacío gráfico), demostrando, una vez más, que el lenguaje es capaz de imponerse su propias censuras. La diferencia entre "escribir" y "añadir" conduce a otra reveladora ambigüedad: el hablante dice *escribir* algo (y al decirlo performativamente lo hace), pero también dice *añadir* "palabras", "pájaros", "hojas secas" y "viento". Es tentador suponer que los elementos mencionados sean las misteriosas palabras que el hablante aseguraba escribir al comienzo; el problema está en que estos elementos aparecen "añadidos" a aquellos ya escritos, por lo tanto son *palabras*, pero

---

8. Javier Sologuren es particularmente sensible al hecho de que este poema suponga, al fin y al cabo, el triunfo final del lenguaje poético: ". . . el poema se ha consumado sin aniquilarse. Ha evocado, en cambio, esa supresión. El lenguaje puede hablar de sí mismo, de sus tentativas, logros y frustraciones; de su fuerza y de su debilidad. Todo lo puede, salvo destruirse a sí mismo. Es esa su terrible omnipotencia. Eielson lo sabe, como el que más, a ciencia cierta" (1988, 278).

también *objetos* instalados en la escritura y sometidos como ella a borraduras ulteriores. La inclusión del signo "palabras" en el interior de la serie motiva la sospecha de que no cumple una función particularmente relevante en el poema, en todo caso no mayor que la de "pájaros" o "viento". La desconfianza frente al valor del signo pone nuevamente en escena el conflicto entre palabra y cosa, resolviéndolo del modo más expeditivo: si no hay ningún vínculo entre ellas, entonces ambas son susceptibles de ser creadas como "objetos" por medio de la escritura. Pero a la vez ambas están amenazadas de muerte: en cualquier momento pueden desaparecer y volver al silencio al que las condena la borradura.

Parece haber, por parte del hablante de este poema, una nostalgia por las primitivas capacidades del poeta como mago. Esta nostalgia, que es un desmentido a su aparente neutralidad emocional, funciona, además, como presupuesto de lectura: la constatación de la pérdida de las facultades mágicas da lugar a la elegía que canta los poderes irrecuperablemente perdidos del poeta mago, sobre los que ha escrito Walter Muschg:

En los tiempos primitivos, las palabras aún eran signos mágicos, retratos de las cosas en los que vivía la esencia de ellas. Quien conocía el nombre de una cosa era dueño de la cosa misma y podía usarla a su antojo. Los objetos eran mudables; por orden del que conocía la magia se transformaban instantáneamente, como sucede en los cuentos de hadas y en los sueños . . . El que empleaba la magia se apoderaba de un hombre o de un animal, de una nube o de una enfermedad, efectuando en la imagen un acto de sustitución. Si añadía a ese acto un encantamiento verbal, imponía su voluntad a la creación con más seguridad aún. (25)

Esta noción, propia de sociedades ágrafas, fue restaurada en tiempos modernos por el creacionismo de Vicente Huidobro, cuyo *Altazor* condenó a muerte al poeta "manicura de la lengua" exigiendo su reemplazo por el mago "que apaga y enciende palabras estelares", antipoeta moderno capaz de crear por la sola capacidad de su decir. Aunque sus consecuencias irrigaron generosamente la poesía hispanoamericana de este siglo, esta restauración no podía durar demasiado. El poema "Numinoso" (*Oscuro*, 1977) de Gonzalo Rojas es una amarga constatación de la pérdida de las facultades mágicas que impiden hacer "florecer la rosa en el poema": "Vamos sonámbulos/en el oficio ciego, cautelosos y silenciosos, no brilla/el orgullo en estas cuerdas, no cantamos, no/somos augures de nada, no abrimos/las vísceras de las aves para decir la suerte de nadie, necio/sería que lloráramos" (82). Pero el poema 10 de Eielson no propone una restauración de las facultades mágicas, ni siquiera reclama —como en "Numinoso"— la inutilidad de llorar su irrecuperable pérdida, antes bien nos sitúa ante un mago impotente al que no le preocupa ocultar su artificio sino, por el contrario, exhibirlo para mostrar la disolución de sus poderes.

El poema "Crítica de la poesía" de José Emilio Pacheco, cuya operatividad recuerda al poema comentado de Eielson, supone una airada reflexión del hablante a partir del silencio que se produce al realizar la borradura sobre el verso que sucumbe a las imposiciones (o a las costumbres) de la retórica. Este discurso se halla paradójicamente inscrito sobre la borradura misma, generando un palimpsesto en el cual circulan libremente los "mil poemas" que no se desea convocar:

He aquí la lluvia idéntica y su airada maleza.
La sal, el mar deshecho...
Se borra lo anterior, se escribe luego:
Este convexo mar, sus migratorias
y arraigadas costumbres,
ya sirvió alguna vez para hacer mil poemas.

(La perra infecta, la sarnosa poesía,
risible variedad de la neurosis,
precio que algunos hombres pagan
por no saber vivir.
La dulce, eterna, luminosa poesía).

Quizás no es tiempo ahora:
nuestra época
nos dejó hablando solos. (76)

En ambos poemas el proceso se describe a sí mismo y culmina en la no-escritura: se trata, a pesar de sus ostensibles diferencias de tono y lenguaje, de poemas que se autodevoran, ruinas de un escribir que no se resuelve sino en su recomienzo frustrado. Su carácter metapoético, su dialéctica de presencia/ausencia y su desconfianza frente al valor del signo los hace comparables por oposición a un poema español del siglo XVII. Me refiero al titulado "Soneto de repente" de Lope de Vega, que describe con mecanismos similares el proceso exactamente inverso:

Un soneto me manda hacer Violante,
que en mi vida me he visto en tanto aprieto;
catorce versos dicen que es soneto:
burla burlando van los tres delante.

Yo pensé que no hallara consonante
y estoy a la mitad de otro cuarteto,
mas si me veo en el primer terceto,
no hay cosa en los cuartetos que me espante.

Por el primer terceto voy entrando,
y parece que entré con pie derecho,
pues fin con este verso le voy dando.

Ya estoy en el segundo, y aún sospecho
que voy los trece versos acabando;
contad si son catorce y ya está hecho. (359-360)

Aquí la forma se celebra a sí misma, construyéndose en el calculado proceso de la descripción. El carácter deliberadamente programático del soneto apunta a exhibir, en un alarde de ingenio, la naturaleza del artificio creador. No se trata, como en los textos anteriormente comentados, de un poema autofágico, sino de un poema que se fecunda a sí mismo: un poema que, al consagrarse como forma, consagra el poder creador de un hablante (y de un poeta) que confía plenamente en los recursos de la tradición literaria. Esta declaración de fe en los poderes creadores se encuentra parodiada en "Arte poética I" (*Arte poética*, 1965) de Jorge Eduardo Eielson, donde el mandato de Violante se encuentra reemplazado por la decisión de un poeta-hablante sujeto a las tentaciones de la distracción, y a la no menos tentadora voluntad de evidenciar sus artificios retóricos:

He decidido escribir un poema
De cien versos nada más
Y así sin darme cuenta
Tengo ya cuatro líneas negras
Sobre esta página blanca
Que espero sume las necesarias
Antes que se me pasen las ganas
De seguir escribiendo versos
Y comience a mirar la televisión
O a observarme en el espejo
Como lo hago diariamente

. . . .
Aunque nada de ello se adivine
En esta rima helada
Mientras se desliza la belleza
En bicicleta de vocales
Bajo la cascada
De consonantes para nada
Sino para completar la ansiada
Suma final de esta composición preñada
De versos tintineantes y vacíos
Que ya nada dicen de la amada
Que ya nada dicen de nada
. . . .
Y como felizmente he llegado al final
De esta composición magistral
(A causa de la rima en al)
Que ahora consta de noventa y nueve líneas negras
Sobre papel Bond Especial (1989b, 185-188)

A diferencia del soneto de Lope, cuyo programa se cumple puntualmente en cada verso, esta "Arte Poética" de Eielson se encuentra amenazada por dos tensiones contrarias: la de culminar, desde una irreverente y humorística descreencia en los poderes de la poesía, el proyecto de los cien versos prometidos; y la de eludir las actividades rutinarias que atentan continuamente contra el proyecto de escritura que el poema mismo describe.

III. Mutilación, cuerpo y silencio

Una pregunta surge en medio de estas reflexiones: las cicatrices y mutilaciones a las que nos venimos refiriendo, ¿están trazadas sobre el poema (el cuerpo textual) o sobre la página en la que están inscritas (el cuerpo material)? El caso de "El sueño de los guantes negros" de López Velarde parece confirmar la unidad de ambos, señalando su íntima interdependencia. Pero la enorme conciencia sobre la realidad del soporte físico (el "papel Bond Especial") y el alcance de sus posibilidades artísticas plantean, para el caso de la poesía, algunas interrogantes. En un breve ensayo titulado "Cubos", incluido en *Escrito sobre un cuerpo* (1969), Severo Sarduy denuncia el prejuicio de nuestra cultura que quiere que en toda producción del arte sea obliterado el soporte. Esta censura actúa indistintamente sobre la tela de la pintura, el cuerpo de.los materiales artísticos (polvos, pigmentos), el andamiaje geométrico que conforma la escultura, la grafía y la página. Sarduy vincula el *soporte* con el *cuerpo*, y lee en el prejuicio denunciado la milenaria censura que actúa sobre los poderes transgresores del cuerpo:

> Y es que la civilización —y sobre todo el pensamiento cristiano— ha destinado al cuerpo al olvido, al *sacrificio*. De allí que todo lo que a él se refiera, todo lo que, de un modo o de otro lo significa, alcance la categoría de transgresivo. Las redes subyacentes de nuestro conocimiento están destinadas a perpetuar ese olvido, ese sacrificio. La tela considerada como soporte material, cuerpo del cuadro, y en escultura la armazón, deben borrarse para lograr una ilusión de espacio, un *logos* original que, no perteneciendo al objeto, lo organizaría desde lejos. (1969, 97. Sus subrayados)

Esa ilusión de espacio, de un logos organizador, se presenta también en el poema, cuyo obliterado soporte no es otro que la página blanca: el cuerpo original sobre el que se escribe (y se borra) el poema. El título del libro de Sarduy, *Escrito sobre un cuerpo*, alude explícitamente a esta realidad y permite plantear algunas observaciones. Si existe una correspondencia natural entre la página blanca y el cuerpo ¿qué papel cumple el poema inscrito en dicho cuerpo? Sin olvidar que el poema en sí mismo constituye *otro* cuerpo, la lógica más inmediata nos conduce a contestar: el vestido. El obsesivo, pudoroso, abigarrado, recortado o simplificado vestido que cubre el silencioso y desnudo cuerpo de la página blanca. Esta correspondencia con el vestido (casi siempre femenino) está presente en la poesía como exceso de retórica, como lo señala por ejemplo el poema de Juan Ramón Jiménez "Vino, primero, pura..." (*Eternidades*, 1916), cuya última estrofa dice:

> . . . .
> Se quedó con la túnica
> De su inocencia antigua,
> Creí de nuevo en ella.
> Y se quitó la túnica,
> Y apareció desnuda toda...
> ¡Oh pasión de mi vida, poesía
> Desnuda, mía para siempre! (15)

O este fragmento de de *La voz a ti debida* (1933) de Pedro Salinas:

> . . . .
> Quítate ya los trajes,
> las señas, los retratos;
> yo no te quiero así,
> disfrazada de otra,
> hija siempre de algo.
> Te quiero pura, libre,
> irreductible: tú. . . . (243)

El parentesco de ambos poemas se explica, entre otras razones no menos válidas, porque suponen la apuesta por una poesía pura y esencial (es decir, ajena a todo lo que no sea ella misma), además de una altísima conciencia metapoética. Sin embargo, sus modos discursivos contrastan, e incluso se oponen: mientras en el primero el hablante es un espectador subyugado por el objeto que contempla y ama, en el segundo la pasión del amante se presenta bajo la forma del imperativo. Al margen de esta diferencia de actitudes, en ambos poemas está presente, aunque de forma subterránea, una opción extrema: la del silencio como desnudamiento y purificación del lenguaje literario, la alerta constante ante la inflación retórica.

La metáfora erótico-amatoria funciona bastante bien para expresar la propuesta de un modelo de escritura esencial, despojada de los lastres retóricos y, en su brevedad, plena de sugerencias. Octavio Paz reformula esta correspondencia adaptándola a la pareja y dotándola de nuevos alcances: el verso "amar es desnudarse de los nombres" de "Piedra de sol" (1979, 271) no denota la inutilidad de la poesía (entendida tradicionalmente como "dadora" de nombres), sino un cambio de valores que se expresa en la apuesta por una poesía (y una erótica) que prescinda de la obligación que se le debe a los nombres. Esa desnudez esencial es la misma a la que alude, en forma humorística, Vicente Huidobro ("un hombre desnudo pesa más que vestido") y en forma desgarrada la hablante del poema 6 de *Árbol de Diana* (1962) de Alejandra Pizarnik. Instalada "en el paraíso de la memoria" (¿el silencio de la página previo a la escritura misma?, ¿el recuerdo de un mundo imaginario irremediablemente perdido?) la hablante se desdobla y dice:

> ella se desnuda en el paraíso
> de su memoria
> ella desconoce el feroz destino

de sus visiones
ella tiene miedo de no saber nombrar
lo que no existe (203)

Establecida la correspondencia página blanca-cuerpo/
poesía-vestido, el paso siguiente es liberar el cuerpo, de-
volverle a la función de soporte su jerarquía natural y
ennoblecerlo, es decir reconocerle su hasta entonces negada
categoría artística. Entre nuestros autores, tal vez sea Jorge
Eduardo Eielson quien ha llevado más lejos estas explora-
ciones y propuestas: textos como el comentado "poesía en
forma de pájaro" y, sobre todo, "escultura de palabras
frente a una plaza de roma" (*habitación en roma*, 1976)
resultan emblemáticos de su tendencia a construir poemas
como esculturas, es decir, como bloques de palabras que
se instalan en el cuerpo de la página sugiriendo, por medio
de los espacios en blanco, las oquedades de lo prohibido,
los resquicios de página que el ávido y erotizado ojo del
voyeur busca para satisfacer su deseo. Transcribo la primera
y última partes del poema:

                    apareces
                    y desapareces
                    eres
                    y no eres
                    y eres nuevamente
                    eres todavía
                    blanco y negro que no cesa
                    y sólo existes
                    porque te amo
                        te amo
                        te amo
                        te amo
                        te amo
                        te amo
                    escultura de palabras

        escultura de palabras
        escultura de palabras
        escultura de palabras

        apareces
        y desapareces
        dejando un hueco encendido
        entre la a y la s
        un vacío entre los labios
        una gota en la retina
        ¿qué cosa eres
        verso sin fin
        alineamiento fugaz
        de vocales y consonantes
        qué cosa eres
        macho y hembra confundidos
        sol y luna en un instante?
        . . . .
        ¿sabes tal vez que entre mis manos
        las letras de tu nombre que contienen
        el secreto de los astros
        son la misma
        miserable pelota de papel
        que ahora arrojo al canasto? (216-219)

En una reflexión que pareciera escrita a propósito de
este poema, Roland Barthes sugiere que el "lugar más
erótico del cuerpo" está allí donde las dos piezas del
vestido (del poema) se abren para mostrar la zona erótica
de la piel (de la página), su centelleo que nos seduce. La
similitud entre el poema de Eielson y la reflexión de
Barthes (escrita años después) es sorprendente, incluso en
el empleo del vocabulario y las imágenes:

    ¿El lugar más erótico de un cuerpo no está acaso *allí
    donde la vestimenta se abre*? En la perversión (que es el
    régimen del placer textual) no hay "zonas erógenas" (ex-
    presión por otra parte bastante inoportuna); es la inter-

mitencia, como bien lo ha dicho el psicoanálisis, la que
es erótica: la de la piel que centellea entre dos piezas (el
pantalón y el pulóver), entre dos bordes (la camisa en-
treabierta, el guante y la manga); es ese centelleo el que
seduce, o mejor: la puesta en escena de una aparición-
desaparición. (1986, 19. Su subrayado)

El vínculo entre poética y erótica (o mejor, entre el
aprendizaje de una poética que revele los poderes de una
erótica) ha sido advertido por Octavio Paz en su "Carta a
León Felipe", donde se leen estos versos:

> La escritura poética es
> aprender a leer
> el hueco de la escritura
> en la escritura (1979, 443)

Pero será en la colección experimental titulada *Eros/iones*
(1958) de Jorge Eduardo Eielson, donde la puesta en escena
de la intermitencia y el centelleo será llevada al paroxismo:

EROS   IÓN 4

la criatura rosada al borde gris/   /orgasmo del pantalón sin botones
que revienta sobre ti entre espuelas/   /en la primera fila de sombras
de cow-boys de furiosos tiroteos/   /entre mis manos mojadas
bajo la sábana henchida/   /por tu desnudez que respira
resbala por tus caderas salvajes/   /antes de penetrar definitivamente
en mi corazón desolado (260)

En este contexto, la colección *papel* (1960), no supone
la simple cancelación de los poderes del lenguaje, sino la
consumación de *otro* sacrificio: el del cuerpo-página. Como
todo sacrificio, éste también propone la glorificación de lo
sacrificado, pero no como olvido, sino como presencia constante. Estas páginas (donde aparecen *efectivamente* las representaciones del "papel quemado", "papel agujereado", "pa-

pel pisoteado", "papel higiénico") no hacen más que re-
cordarnos de manera obsesiva su condición de objeto
corpóreo donde lo verbal (es decir el "vestido") está
reducido a su mínima condición de nota explicativa.[9] Años
más tarde, en la colección *Noche oscura del cuerpo*, Eielson
dará a conocer una versión tal vez más radical del sacrificio
cuerpo-página. Ya no se trata de las torturas infligidas al
cuerpo físico del papel, sino a la fusión que resulta de la
sospechosa identidad entre el papel y el cuerpo del hablante. El poema se titula significativamente "Cuerpo de papel".
Lo reproduzco en su integridad:

> Escribo orejas solamente orejas
> No sé por qué pero no escribo uñas
> Ni corazón ni pestañas
> No sé si escribo o si tan sólo respiro
> Ya no distingo
> entre el invierno
> Y la blancura del papel
> Y cuando arroje a la chimenea
> Esta página vacía
> ¿Se quemarán también mis dudas
> Mis orejas y mis uñas
> Rodarán hechos cenizas
> Mi corazón y mis pestañas? (1989a, 29)

---

9. En una entrevista publicada en 1988, Eielson explica que entre las
razones que determinaron la disminución de su interés por la palabra y su
dedicación a la pintura, se encontraba el hecho de que la palabra le interesara
menos por su significación que por su aspecto fónico y gráfico: "Ese es el
momento en que escribo "Papel", en lo que me interesa es, justamente, el
soporte de papel, del cual paso a la tela muy fácilmente. Un poco más tarde,
cuando llega lo que los críticos llamaron "arte conceptual", las hojas de
"Papel" fueron expuestas en galerías, como obras de arte, ya que se trataba
de una secuencia muy adecuada para una exposición. El libro se transformó
así, físicamente, en una obra de arte expuesta en el espacio" (entrevista con
Urco y Cisneros Cox, 189).

Es sumamente tentador leer en la alusión a las orejas la ancestral nostalgia del poeta moderno por la oralidad perdida. El violento oxímoron que resulta de vincular el acto de escritura con la "oreja" (que nos conduce, por metonimia, a la oralidad) revela el temor del cuerpo a participar del proceso de fragmentación, desgaste y muerte al que está sometida la página, su metáfora esencial.

En la poesía de Alejandra Pizarnik la relación entre mutilación, cuerpo y silencio adquiere un carácter muy peculiar si constatamos que el silencio es el articulador general de su obra. Prácticamente no hay ningún poema suyo que no se vincule de algún modo con el silencio: su obra es la aventura de esa vinculación, el asedio constante al silencio no sólo para expresarlo, sino para introducirlo en sus poemas. Ósmosis: el silencio se introduce en el poema y el poema en el silencio, y en ese proceso (en esa aventura) la hablante pierde las coordenadas biográficas y se (con)funde con el silencio, como ocurre en el brevísimo y emblemático poema titulado "Alegría":

Algo caía en el silencio. Un sonido de mi cuerpo. Mi última palabra fue yo pero me refería al alba luminosa. (27)[10]

10. Una variante del mismo poema aparece en el fragmento XVII de "Caminos del espejo" en *Extracción de la piedra de locura* (1968): "Algo caía en el silencio. Mi última palabra fue yo pero me refería al alba luminosa" (279). Como se observa, se ha suprimido la segunda oración ("Un sonido de mi cuerpo"). En el fragmento IX del mismo poema, la caída es la trampa en la que cae de casualidad como un animal herido: "Caer como un animal herido en el lugar que iba a ser de revelaciones" (278). En el primer poema de *Árbol de Diana*, la alegría del alba se transforma en tristeza:

He dado el salto de mí al alba
He dejado mi cuerpo junto a la luz
y he cantado la tristeza de lo que nace (201)

Se trata de un poema en prosa compuesto por tres oraciones cuyas conexiones extremadamente tenues dan cuenta en forma elíptica del proceso de construcción del poema: plantear al silencio como un lugar donde "algo" puede caer es fijar dos términos de espacialidad —arriba/abajo— en los cuales se ubican respectivamente la hablante y el silencio. La atracción del silencio ("el silencio es tentación y promesa" 304) es la seducción que ejerce lo que está "abajo" (el abismo, el infierno, la profundidad) sobre quien está "arriba": la hablante sabe que el "sonido" sólo podrá transformarse en palabra poética en el espacio del silencio, pero —y aquí está el riesgo— al estar ella compuesta de sonidos, es menester desprenderse de fragmentos de sí misma y dejarlos caer en el abismo de ese silencio. Sin decirlo, el poema sugiere que *todos* los sonidos (todos los fragmentos) de la hablante han caído en el silencio, lo que a su vez significa: 1. que la hablante se ha despojado de su "corporeidad verbal" hasta la "última palabra" dejando de pertenecer al mundo de arriba, y 2. que sólo caída en el espacio del silencio, la hablante podrá convertirse en poema con todo lo que ello implica: recuperar la unidad perdida para integrarse al "mundo imaginario" y alcanzar la muerte que se halla "más allá del principio del placer". Estas dos interpretaciones suponen un renacimiento implícito (a él alude la alegría de un "alba luminosa"): la muerte de la usuaria del habla de todos lo días es condición necesaria para su nacimiento en la indeterminancia del silencio; de este modo, el yo se constituye en el alba luminosa del lenguaje absoluto. Por esta razón las palabras que Gérard

---

En otros poemas se insiste en la idea de la "caída". Por ejemplo en "Los de lo oculto" (caída en sí misma, 307) y en "L' obscurite des eaux" (caída del agua en el sueño, 308).

Genette le dedica a Flaubert son también pertinentes para este poema, y para la obra en general, de Alejandra Pizarnik: "el lenguaje no se hace literatura sino al precio de su propia muerte, porque le hace falta perder su sentido para acceder al silencio de la obra. Este retroceso, esta remisión del discurso a su revés silencioso que es hoy, para nosotros, la propia literatura" (citado por Block de Behar, 212).

IV. En busca de la (imposible) destrucción del silencio

Las misteriosas palabras que concluyen la primera secuencia de "Alquimia del verbo" de Rimbaud —J'écrivais des silences, des nuits, je notais l'inexprimable. Je fixais des vertiges" (106)— fueron convertidas en un obligatorio y difícil desafío por un considerable sector de la poesía moderna. A partir de esa declaración, el silencio no sólo alcanzó un prestigio comparable al de la palabra poética, sino que amenazó seriamente con desplazarla. La obsesiva búsqueda del ascetismo verbal y el temor a macular la página blanca no sólo proclamaron la entronización del silencio y la exaltación de sus poderes frente a los peligros de la cosificación del espíritu, sino la destrucción del lenguaje, que se hermana con la seducción del silencio ("la destrucción fue mi Beatriz", había declarado Mallarmé) y la tentación de renunciar para siempre a la poesía.

La apelación al silencio como renuncia a la actividad creadora responde a una actitud romántica observada por Walter Muschg según la cual toda gran creación poética es un equilibrio entre expiación y culpa (602). Para Muschg esta tendencia expiatoria se encuentra en los suicidios de

Kleist ("una demoníaca renuncia al arte"), de Trakl, de
Pavese, de Celan, y se manifiesta a través de la historia
en variantes menos trágicas: el silencio de Shakespeare
luego de la actividad artística más intensa, el "relajamiento
despreocupado" de Goethe, la apacible locura de Hölderlin
y un largo etcétera cuya enumeración excedería estas
páginas. La aparición de una retórica del silencio —caracterizada por un voluntario deseo de evitar los excesos
verbales en que incurrían los discursos ideológicos con su
cuota de envilecimiento y mentira— hizo de la desconfianza
en el valor del signo un grito de batalla que llevó a
extremos de radicalidad absoluta la intuición primera de
Rimbaud. El riesgo de que hasta la más afilada conciencia
del peligro degenere en una "vulgar cháchara" hizo declarar a Theodor W. Adorno que "luego de lo que pasó en
el campo de Auschwitz es cosa barbárica escribir un poema"
(29). Esta declaración, refrendada por un asco ético frente
al deseo de hacer belleza en un mundo empeñado en
destruirla, se reformula sin ser contradicha por numerosos
poetas que decidieron callar *a partir de* sus propios poemas.
Frente a los excesos de un lenguaje utilizado para justificar
guerras y exterminar vidas humanas, estos poemas supieron
restituirle al lenguaje su poder descosificador sin renunciar
a la culpa expiatoria, como ocurre en este poema de *Folios
de El Enamorado y la Muerte* (1974) de Javier Sologuren:

> perdón por la
> > ya no
> página blanca
>
> perdón por la
> fisura
> de sus unidas aguas
> por este
> > nuevo

silencio mayor
                    de la
escritura

perdón por la
serena
sucesión
   donde
                    vacilan
los restos del naufragio
perdón por la
                    diversión
que les niego
por la
pluma que quiebro
                    sin
bailar ni cantar

(el circo flota en una lágrima) (151-152)

El poema está organizado anafóricamente por la secuencia "Perdón por..." que se repite seis veces. Cada una de
estas secuencias se encuentra encadenada y a la vez aislada
de las otras, otorgando al poema una estructura de refrán
(Hollander, 1985) que reproduce el espectáculo circense al
que alude enigmáticamente el título: de la misma manera
que la gramática del circo se organiza en la secuencia de
actos autónomos que se integran en la unidad mayor del
espectáculo, este poema ofrece una secuencia de proposicio-
nes integradas por un hablante que se niega a ofrecer
diversión alguna. Ahora bien, si en el circo la atención del
público depende de la habilidad del presentador para crear
expectativa entre acto y acto, en este poema el hablante
prescinde de las comparsas de relleno ("sin/bailar ni cantar")
para potenciar el insoportable silencio que se escucha entre

las distintas secuencias. De este modo, la expectativa del público-interlocutor se concentra no sólo en la ruptura de las frases preposicionales que producen los inesperados y anómalos encabalgamientos, sino también en los espacios en blanco que reclaman ser leídos como espacios de reflexión silenciosa, o como la suspensión de una escritura que busca su realización en el silencio. En ambos casos, la actitud del hablante se corresponde con el callar tal como lo entiende el psicoanalista Juan David Nasio:

> Hay diferentes maneras de detener la palabra, diferentes maneras de callar*se*. El callar de que hablo corresponde exactamente al tiempo de preparación y de tensión del arco. En ese momento en que domina la espera tensa, el sujeto se recoge y culmina más en su ser que si profiriera una palabra. Hay más ser en el silencio tenso que en la emisión de un dicho. Ese silencio es un lugar de espera y de paciencia, un lugar no opuesto a la palabra, sino el lugar en que la palabra germina y en que los ruidos pulsionales se ordenan en una voz muda que acaso devendrá sonora. (1988, 111)

Las reminiscencias circenses no son utilizadas para denunciar la insensibilidad de un público incapaz de percibir el dolor que se oculta detrás de la diversión (la lágrima en la que flota el circo), sino para incidir en el dolor como el verdadero y temido motor de la creación poética.[11] En este punto, la metáfora circense cobra su sentido más exacto y revelador: condenado a ser un espectáculo de su propia

---

11. Esta idea es una constante en la poesía de Sologuren. El poema "Poesía" (*Otoño, endechas*, 1959) termina con este cuarteto: "No. No te pareces al amor./¿No está siempre en mí su garra?/ Diría aún a la pena o al olvido/si no fueran el pan de cada día./Pero qué cerca estás de mi sangre/ *y sólo creo en el dolor haberte visto*" (73. Mi subrayado). El poema "posesión" de *Surcando el aire oscuro* (1970) es más explícito: "sin ti dolor / la vida es siempre ajena" (112).

miseria, el poema se da el lujo de proponer en cada una
de las secuencias (en cada uno de los actos) una poética
distinta y definitoria que lo transforma sucesivamente en:
1. una fisura en las aguas unidas de la página blanca, 2.
el silencio mayor de la escritura, 3. la serena sucesión
donde vacilan los restos del naufragio, 4. la diversión que
el hablante nos niega, 5. la pluma que el hablante quiebra
sin cantar ni bailar. Salvo la segunda secuencia, todas
insisten en el carácter negativo de la escritura, en su
condición de "mancha" que atenta contra la pureza virginal
de la página. La culpa del hablante —subrayada por el
reiterado perdón que solicita— cumple, sin embargo, un
efecto contrario al que en apariencia propone. Si bien la
página blanca se erige como la única opción válida frente
al descrédito de un lenguaje que ha dado la espalda a la
miseria del mundo, el hablante la convierte en escenario,
niega a los interlocutores toda posibilidad de diversión y
los obliga a participar de otro espectáculo: el de la dolorosa
negación del silencio que culmina, paradójicamente, en su
consagración ("el silencio mayor de la escritura").

El imperativo de "escribir silencios", si bien cumplió
una función higiénica frente a los excesos del lenguaje
precisando la búsqueda de lo esencial, devino en otra
retórica cuyos riesgos fueron severamente advertidos por
Amparo Amorós.[12] Sin embargo, la reacción contra el

12. En su conversación con Sharon Keefe Ugalde, Amparo Amorós ha
advertido que si bien "la búsqueda del silencio . . . nos ha llevado a cosas
importantes como, por ejemplo, la capacidad de síntesis, la anulación de una
verbosidad retórica y cierta tendencia a lo esencial y también unos plantea-
mientos radicales frente a la propia obra de arte . . . , la poética del silencio
tiene un riesgo cuando se lleva a sus últimas consecuencias . . . y es un
nihilismo que lleva a la anulación de la palabra, e incluso al autosuicidio [sic]
creativo del artista" (entrevista con Ugalde, 86).

reinado del silencio sólo podía llevarse a cabo desde el interior del poema, constituido desde la modernidad en su legítima morada. Este fenómeno —que es posible advertir en aquellos poemas que se proponen como una puesta en escena de la destrucción del silencio— revela el fracaso y la consagración del silencio que reemplaza y a la vez complementa el fracaso y la consagración del lenguaje. En el poema que da título al libro de Olga Orozco *Con esta boca, en este mundo* se hace explícita la queja:

> Hemos hablado demasiado del silencio,
> lo hemos condecorado lo mismo que a un vigía en el
>   arco final,
> como si en él yaciera el esplendor después de la caída,
> el triunfo del vocablo, con la lengua cortada. (1994, 9)

Lejos de ser cuestionado, el pacto de creencia en un silencio esencial se convirtió en el fundamento a partir del cual fue posible plantear los términos de su defenestración y destrucción. Dicho con otras palabras, si sólo se puede destruir aquello en cuya existencia se cree, es necesario no sólo "creer" en el silencio para pretender destruirlo, sino aceptar ser víctima de su amenazante presencia. Esta situación plantea algunas interrogantes: cuando se habla de destruir al silencio, ¿se trata de liberarse de la retórica impuesta por el imperativo rimbaldiano; o, más bien, de sacudirse de la esterilidad que ahoga e impide la escritura poética? Cualquiera que sea la respuesta ésta supone la pre-existencia de un silencio omnipresente y opresivo que no se deja fácilmente destruir. La urgencia de escribir silencios no siempre desemboca en el arte de "estructura suicida" que Barthes deduce de la obra de Mallarmé (1993, 77), sino que cede a otra urgencia más titánica y comprometedora: la de destruirlo. Esta empresa pone en entredicho la noción del poeta como un "enamorado del silencio que no tiene más remedio que hablar" (Paz, 1967, 74) y demanda un retorno de los poderes del lenguaje, aunque desde una perspectiva distinta, ya que supone el reconocimiento del valor del signo sin que ello signifique necesariamente la devolución de la confianza perdida. Para ser destruido, el silencio necesita ser nombrado y materializado, de modo que se convierta en algo que se pueda quemar, golpear, martillar; acciones que sólo pueden llevarse a cabo con el instrumental retórico que proveen el lenguaje y la tradición.

En la mayoría de los casos, las imágenes utilizadas para poner en escena la destrucción del silencio provienen de las representaciones tradicionales que, de acuerdo con George Steiner, se usaron para remediar la cortedad del decir: la luz (con sus variantes, el resplandor y el fuego) y la música. El silencio, de acuerdo con Steiner, vendría a ser el tercer tipo de representación:

> Aunque van más allá del lenguaje y dejan atrás la comunicación verbal, tanto la traducción en luz como la metamorfosis en música son actos espirituales decisivos. Cuando calla o cuando sufre una mutación radical, la palabra sirve de testigo a una realidad inexpresable o a una sintaxis más flexible, más penetrante que la suya. Pero hay un tercer modo de trascendencia: en él el lenguaje simplemente se detiene y el movimiento del espíritu no vuelve a dar ninguna manifestación externa de su ser. El poeta entra en el silencio. Aquí la palabra limita no con el esplendor o con la música, sino con la noche. (Steiner, 76)

Lejos de ser modos de trascendencia desplazados por el silencio, la luz y la música establecen una alianza que muchas veces funciona como metáfora del silencio. Tal es el sentido simbólico de El infierno musical (1971) de Alejandra

222   EDUARDO CHIRINOS

Pizarnik, libro donde la poeta-hablante acusa al lenguaje de generar el silencioso e infernal fuego que la devora y consume: "El lenguaje silencioso engendra fuego. El silencio se propaga, el silencio es fuego" (310). El anhelo destructivo de la poeta-hablante se estrella no sólo contra la cortedad del decir (para la cual es imposible la representación total del silencio), sino contra la conciencia de que todo acto destructivo está condenado a no ser más que enunciación o, como lo dice el poema que da título al libro, "un proyectarse desesperado de la materia verbal":

Golpean con soles

Nada se acopla con nada aquí

Y de tanto animal muerto en el cementerio de huesos filosos de mi memoria

Y de tantas monjas como cuervos que se precipitan a hurgar entre mis piernas

La cantidad de fragmentos me desgarra

Impuro diálogo

Un proyectarse desesperado de la materia verbal

Liberada a sí misma

Naufragando en mí misma (1992, 143)

En las breves y casi secretas colecciones publicadas por Emilio Adolfo Westphalen a partir de los años ochenta se percibe un cambio radical de actitud hacia el silencio. Ya no se trata del silencio reverencial que obliga a cada una de las palabras a desprenderse de sus atributos retóricos y semánticos, sino de un silencio enemigo al que es necesario oponerse y destruir. Si Octavio Paz definió los poemas primigenios de Westphalen "como una torre rodeada de noche [que] se levanta sobre una masa de silencio compacto" (1990, 165), en los poemas posteriores se evidencia el deseo de derribar dicha torre destruyendo la masa de silencio sobre la cual está erigida. Cito a continuación tres de ellos:

DESHACER Y REHACER

Va a agarrar un martillo para golpear el silencio — para pulverizar el silencio — para multiplicar el silencio. (185)

LA ECUACIÓN DE EINSTEIN

Cuando se desploma la alta torre del silencio nadie escucha el estruendo sin ecos simultáneamente suprimido. (186)

ANSIAR QUE LOS SILENCIOS...

Ansiar que los silencios incorporen y devoren el espacio — que se ahogue el cuerpo en un charco de silencios. (204)

En estos poemas, que se proponen como una negación al comentario crítico de Octavio Paz, el deseo de destruir al silencio se manifiesta como una peligrosa ilusión condenada a obtener el efecto contrario. Para decirlo con las palabras que dan título a la obra reunida de Westphalen, el deseo de destrucción es una Quimera bajo cuyas zarpas el poeta se muestra incapaz de evitar la amenazante multiplicación de sus poderes. Este es el tema de "Anhelo"

(*Nueva serie*, 1984) y "Cuando brama el incendio..." (*Ha vuelto la diosa ambarina*, 1988):

ANHELO

Si alguien prendiera fuego al silencio —lo hiciera crepitar en múltiples pequeñísimos inaudibles silencios — lo desbaratara en tierna agonía inacabable. (149)

CUANDO BRAMA EL INCENDIO...

Cuando brama el incendio brotan músicas por doquier.
Del fuego viene y en él acaba toda música.
Las columnas del sonido concluyen en llamas — borbotones en el fuego las músicas.
Un magma ardiente danza y se arrebata.
Descuartícenme sobre parrilla en ascuas de la música—
entiérrenme bajo rescoldos de música.
Retiemple aire y ánimo la ígnea la terrífica la invadiente música. (242)

Si en el primer poema el deseo de incendiar el silencio propone un rito de destrucción-purificación que culmina en una alianza entre los poderes destructores del fuego y del silencio, en el segundo, el deseo de integrarse al silencio se expresa bajo la forma de una entrega al martirio. Resignado a no poder ser un "robador del fuego", el hablante exige para sí mismo el sacrificio de las parrillas y el descuartizamiento que le otorgarán el gozo que apenas entreví cuando escucha el bramido del incendio. La unificación de las tres tradiciones señaladas por Steiner cumplen con invertir la mecánica del deseo, pues ya no se trata de destruir al silencio, sino de entregarse con plenitud extática a sus poderes purificadores. El descuartizamiento exigido y el entie-

rro ulterior apuntan a la obtención de un goce que puede
ser explicado por la recuperación de la unidad perdida: la
muerte como una vuelta al orden imaginario donde no
existe diferencia ni ausencia, sino identidad y presencia.
Un brevísimo poema de Alejandra Pizarnik plantea esta
vuelta no en términos de un delirante martirio, sino de
una pasividad cercana a la entrega mortal:

> silencio
> yo me uno al silencio
> y me dejo hacer
> me dejo beber
> me dejo decir (231)

Tanto la fantasía del cuerpo fragmentado como la fantasía del goce producido por las llamas expresan el deseo
suicida de entregarse al magma ardiente del silencio. Este
deseo tiene un correlato con el goce de San Lorenzo Mártir
tal como lo recuerda Quevedo,[13] y con el suicidio de Em-

13. Me refiero al poema "A San Lorenzo, glorioso mártir español que
murió asado en parrillas":

> Arde Lorenzo y goza en las parrillas;
> el tirano en Lorenzo, arde y padece,
> viendo que su valor constante crece,
> cuanto crecen las llamas amarillas,
>
> las brasas multiplica en maravillas,
> y sol entre carbones amanece,
> y en alimento a su verdugo ofrece,
> guiadas del martirio sus costillas.
>
> A Cristo imita en darse en alimento
> a su enemigo, esfuerza soberano;
> y ardiente imitación del Sacramento.
>
> Mírale el cielo eternizar lo humano,
> y viendo victorioso el vencimiento.
> Menos abraza que arde el vil tirano. (88)

pédocles, quien se arrojó al interior del Monte Etna para "dejar presente en la memoria de los hombres el acto simbólico de ser-para-la-muerte" (Lacan, 1984, 84. Mi traducción). Pero incluso este deseo mortal —que es, no lo olvidemos, un deseo de goce— se estrella contra los poderes de un silencio que se comporta como la cabeza de la Hidra ante los esfuerzos de Hércules: multiplicándose y rehaciéndose constantemente. Esta desigual lucha define la obra de Westphalen y está cifrada en los poemas "Deshacer y rehacer", "La ecuación de Einstein" y "ansiar que los silencios...", donde la acción destructora es la que genera la multiplicación de fragmentos de silencio (polvo, ecos diminutos, charcos) que cobran vida propia. Pero el silencio no sólo se comporta como la mítica Hidra que desespera al héroe; proteico en sus trampas, se comporta también como el azogue cuando se le fragmenta en partículas: reuniéndose para demostrar en su indivisibilidad las visiones que resultan del impacto de la dispersión. El poema 64 de la *Décima poesía vertical* de Roberto Juarroz propone el acto de creación poética a partir del proceso de fragmentación y reunificación del silencio:

> Partir el silencio en pedazos
> a inaugurar con cada uno
> el cuerpo de una visión.
>
> Partir cada visión en pedazos
> e inaugurar con cada uno
> el pórtico deslumbrado de un templo.
>
> Partir cada templo en pedazos
> e inaugurar con cada uno
> el signo acorralado de la nada.

Partir la nada en pedazos
e inaugurar con cada uno
el tronco indivisible del silencio. (1986, 130)

En este poema, como en los señalados de Westphalen, el deseo de destruir su genealogía textual se encuentra transferido a otra genealogía menos visible, pero por lo mismo más tiránica: la del silencio. Sin embargo, la secuencia del proceso creativo sólo es posible por el anhelo inicial de destrucción. La última estrofa, que revela en sordina el triunfo final del silencio, es un oblicuo homenaje a los poderes de la palabra que ha inaugurado —a partir de las continuas particiones— el indivisible tronco del silencio que deberá volver a partir para reiniciar la creación poética.

* * *

Metáfora de la imposibilidad de la blancura inocente de la página "la nieve manchada que solloza" lo es también de la mutilacion y represión que se hacen presentes en el proceso de composición y lectura del poema. La distinción lacaniana entre silencio del *taceo* y silencio del *sileo* no sólo revela dos posturas distintas (y hasta opuestas) frente al silencio, sino que expresa particulares maneras de resistir contra las imposiciones de la censura, transformando el miedo de hablar en un hablar sobre el miedo. La mutilación, el inacabamiento, la atenuación de las conexiones, los comienzos *in medias res,* los vacíos gráficos, las tachaduras, las preguntas incontestadas son maneras de representar en el poema los temidos y deseados silencios que adquieren, de este modo, categoría textual.

Las posibilidades de representación que ofrece la poesía, si bien permiten sortear los límites de la censura, se estrellan contra su expresión más radical cuando se trata de representar los límites que actúan en el proceso creativo. En la poesía autofágica la tensión entre el silencio de la borradura y la palabra deseada se resuelve en la escenificación del fracaso textual que es, a su vez, la expresión del poema deseado. Estos aspectos conducen a establecer los vínculos entre mutilación, cuerpo y silencio a partir de las especulaciones de Severo Sarduy: la queja implícita frente a la censura que imponen la retórica y la tradición literaria se presenta muchas veces bajo la forma de una correspondencia entre la página como cuerpo y el poema como vestido encubridor.

De estas correspondencias se deduce una valoración del soporte material de la escritura, el mismo que, además, se corresponde con el escenario-marco de todas las posibles presentaciones y representaciones del silencio. La invocación al silencio de este escenario-marco ha sido una de las consecuencias de los excesos del lenguaje en un siglo tan particularmente áspero como el nuestro. Pero si el exceso de lenguaje produjo una sobrevaloración de los poderes del silencio, el exceso de silencio se tradujo en la escritura de poemas cuya propuesta era destruir el silencio, destrucción que sólo es posible mediante el reconocimiento de sus poderes.

CONCLUSIONES

En el final era el verbo

OLGA OROZCO

ECUERDA JOAN COROMINAS (1983) que la palabra "concluir" proviene de "concludere", verbo latino que a su vez deriva de "claudere", que significa "cerrar". Concluir: encerrar, terminar, dar algo por finalizado. Tal era la acepción del verbo español hacia el siglo XIII. Con el tiempo, la palabra ha adquirido otros significados que apenas disimulan su exclusivismo inicial: "determinar y resolver sobre lo que se ha tratado"; "deducir una verdad de otras que se admiten, demuestran o presuponen"; "convencer a alguien con la razón, de modo que no tenga qué responder ni replicar"; "rematar minuciosamente una obra". Ninguna de las definiciones que ofrece el diccionario me alivia de los escrúpulos de concluir este libro. En parte porque desconfío de las verdades que no admiten respuesta ni réplica, en parte porque soy consciente de que el tema del silencio en la poesía dista mucho de haberse agotado en estas páginas, me siento incómodo frente a la perspectiva de "cerrar" este trabajo estableciendo la síntesis que lo resuma de manera definitiva y concluyente. Como fue advertido en las páginas introductorias, las interrogantes planteadas adquieren más valor al multiplicar las preguntas e indagaciones que al proponer posibles respuestas que nunca podrían ser definitivas ni mucho menos estables. Por

229

eso, todo lo que pueda decir en estas conclusiones tiene un carácter provisorio y está, naturalmente, sujeto a toda posible revisión y discusión.

Para comenzar a no concluir debo señalar tres premisas de las cuales he partido y que han estado presentes en el desarrollo de los capítulos anteriores. La primera es la más obvia, pero tal vez la más importante: el silencio no pertenece en rigor a los dominios de la literatura y menos a los de la poesía; es parte de la experiencia humana y como tal compromete una diversidad de disciplinas y aproximaciones no necesariamente académicas. La segunda es menos obvia y responde a la convicción de que la poesía ha sido siempre un espacio privilegiado para poner en escena las discusiones sobre el tema del silencio. La secular fascinación de los poetas por el silencio en sus múltiples manifestaciones (poder y censura, revelación y conocimiento, suspensión y espera, esterilidad y creación) se radicaliza en la modernidad y se traduce en la capacidad del poema de ser leído como representación dramática del acto mismo de escritura. Dicha representación compromete tanto la revisión del corpus crítico y literario, como la significativa dimensión que adquieren el autor, el texto y el lector. La tercera tiene que ver con la importancia de la tradición. Al ser el silencio una preocupación que trasciende los predios de la literatura, se hace necesaria una visión diacrónica de la tradición no como una revisión más o menos erudita de los antecedentes, sino como la invocación que cada texto demanda de la genealogía que él mismo diseña. Dicho de manera más breve: el poema no es nunca un punto de llegada, sino el punto de partida de una tradición que se virtualiza de acuerdo con los presupuestos planteados por el poema mismo.

La comprobación de que las obras de Westphalen, Rojas, Orozco, Sologuren, Eielson y Pizarnik son diferenciables e insustituibles en el espectro de la poesía hispanoamericana no es un obstáculo para llevar a cabo una reflexión sobre el silencio a partir de sus poemas. Todo lo contrario, estas cualidades son las que permiten observar las estrategias de presencia y representación del silencio no como rasgos individuales de estilo, sino como manifestaciones de una tradición que desborda las fronteras de la poesía hispano-americana contemporánea. La presencia de Dante, San Juan de la Cruz, Hölderlin, Rimbaud, Mallarmé, Rubén Darío y los maestros del haiku japonés, para no hablar de la música de Cage o la pintura de Malevitch, diseña un marco de referencia lo suficientemente amplio como para rastrear otra tradición paralela y complementaria en la que sus poemas se inscriben: la tradición del silencio.

Si bien hunde sus raíces en la noche de los tiempos (no olvidemos el *Unsagbarkeit* estudiado por Curtius), esta tradición adquiere carta de presencia en el momento en que el poema se convierte en escenario de representación del acto de escritura y aun de su imposibilidad radical. Este fenómeno —ya señalado desde perspectivas distintas por Foucault y Paz— convirtió al silencio en el huésped del poema, y al poema en su morada. El estudio de las obras de los seis autores elegidos ha permitido explorar las distintas maneras en que se produce la presencia y la representación del silencio en el poema: como trascendencia de la cortedad del decir en Emilio Adolfo Westphalen; como vacío gráfico y desnudamiento de la palabra esencial en Javier Sologuren; como articulador de la continua rotación de los signos y del desplazamiento de los significantes en Jorge Eduardo Eielson; como invocación e inocencia en Gonzalo Rojas; como frustración e incapacidad para leer el "Libro de la Naturaleza" en Olga Orozco; como asedio constante y deseo de integrarse a la unidad perdida en

Alejandra Pizarnik. Esta caracterización es sumaria y, por supuesto, intercambiable: al margen de la autoría, e incluso de la época y las circunstancias en que fueron escritos, sus poemas trasgreden continuamente los límites de la caracterización para vincularse entre sí, desplegando una fecunda y silenciosa solidaridad textual.

El papel central que juega el silencio en la poesía contemporánea se estrella contra el callejón sin salida de una valoración que, si por un lado lo exalta como una suerte de espacio sagrado donde germina el poema, por el otro desdeña la creencia en ese espacio, al que considera plagado por una infinidad de discursos anteriores que vuelven "negra" la página blanca antes de haber sido escrita. Esta polémica —que enfrenta la postura de George Steiner con la de Roland Barthes— toma un rumbo distinto en cada poema. El hecho de que la noción de un silencio mítico anterior a la palabra haya perdido predicamento no significa su cancelación: a pesar de la conciencia de hallarse frente a lo que un verso de Olga Orozco ha llamado el "confuso parloteo de bocas invisibles", muchos de los poemas aquí analizados demandan la creencia en un silencio esencial que los preceda y otorgue sentido. Se trata, naturalmente, de un pacto, pero su cumplimiento garantiza la activación de sus múltiples posibilidades de lectura.

La lectura del silencio (o de los silencios) demanda, además de una cuidadosa descripción de las estrategias que hacen posible su aparición y representación, una interpretación basada en los presupuestos del poema mismo y también de aquellos otros que el poema convoca: sólo así es posible establecer conexiones que de otro modo pasarían inadvertidas. Esta interpretación no debe entenderse como la búsqueda de un significado verdadero, único y determinante, sino como la movilización de los significados

posibles, incluyendo aquellos que se desprendan de la más
mínima y sospechosa inflexión formal: el que los silencios
posean un status textual pero no siempre verbal hace que
sus posibilidades de aparición en el poema tengan por
principales aliados a los recursos formales. Los versos
inacabados, los espacios en blanco, las tachaduras, los
paréntesis, los puntos suspensivos, el uso (o no) de cursivas
y mayúsculas, son estrategias de sentido que se manifestan
como un poderoso llamado de atención sobre la forma. Para
decirlo de otra manera: el silencio recuerda constantemente
que toda ruptura formal es una manifestación del contenido
(un "interludio de lectura", como lo llama Prince), y que
como tal debe ser leída.

Cada poema propone una lectura distinta de los silencios que alberga, y éstos —al igual que las palabras—
comportan un fenómeno comunicativo en el que participan
el autor, el texto y el lector. Esta distinción se hace patente
en la confrontación de poemas de ritmo primordialmente
visual (sobre todo los de Eielson, Sologuren y en menor
medida Pizarnik) frente a aquellos que privilegian el ritmo
oral (sobre todo los de Westphalen, Orozco y Rojas).
Mientras los primeros se valen con más frecuencia de los
interludios de lectura que refuerzan el carácter escrito del
poema, los segundos tienden a representar al silencio utilizando estrategias que responden al sistema oral: el balbuceo y el tartamudeo como interferencias divinas (o
demoníacas) del silencio en el discurso, el ritmo esfinteriano que crea silencios mediante la calculada retención
de la palabra, o la "sumarización" que ocurre cuando el
poema se construye a partir del relato de otro poema pero
se abstiene de reproducir siquiera alguno de sus versos.
De nuevo, esta caracterización es intercambiable y es
posible hallar estrategias de representación "oral" en los

poemas del primer grupo, como estrategias de representación "visual" en el segundo. Lo importante es que en ambos casos los silencios son capaces de admitir una intepretación entendida no como un "desprecio declarado por las apariencias", como lo denuncia Susan Sontag (28-29), sino como la renuncia a darles un sentido único para "apreciar la pluralidad de que está[n] hecho[s]" (Barthes, 1992, 3).

Las imposiciones de la censura —sean éstas sociales, políticas o psicológicas— suelen transformar el miedo de hablar en un hablar sobre el miedo. La distinción llevada a cabo por Lacan entre *taceo* (es decir, el silencio impuesto sobre la palabra ya existente) y *sileo* (el silencio que no obedece a una censura externa) es particularmente valiosa para leer los distintos modos de resistencia frente a las imposiciones que actúan sobre el discurso: la mutilación, el inacabamiento, la atenuación de las conexiones, los comienzos *in medias res*, las tachaduras y las preguntas incontestadas son algunas maneras de representar en el poema los temidos (y muchas veces deseados) silencios que adquieren de este modo categoría textual.

La sobrevaloración de los poderes del silencio —cuya entronización se sitúa en la temporada infernal de Rimbaud y en el golpe de dados de Mallarmé— responde a los excesos de que ha sido víctima la palabra en este siglo. Pero si estos excesos condujeron a la reintegración del silencio en el poema (sea como escenificación del silencio mortal, como reacción ante las imposiciones ideológicas o como denuncia de la privación del habla) no tardó en producirse el efecto contrario: huésped privilegiado del poema, el silencio empezó a ser percibido como una presencia tan amenazante y perturbadora como el peso de la tradición. La propuesta de destruir el silencio —presente en los poemas más recientes de Westphalen— se estrella no sólo contra su imposibilidad, sino con la paradoja de que dicha destrucción sólo sea posible mediante la restauración de los poderes de la palabra. Sin embargo, de la misma manera que el silencio encontró en el poema la morada donde habría de llevar a cabo sus necesidades comunicativas, la restauración de la palabra no podrá prescindir de la compleja y rica tradición del silencio.

Al concentrarse en las estrategias de presencia y representación del silencio, este trabajo ha dado cabida a numerosas posibilidades de lectura que, como dije anteriormente, se plantean como indagaciones e interrogantes que distan mucho de estar resueltas. La amenaza de la digresión y del abultamiento de las notas impidieron el desarrollo más detenido de algunas propuestas que merecían mayor atención que la concedida en estas páginas. Ahora sólo me queda disculparme de esas desatenciones, que espero subsanar en el futuro, y hacer mías estas palabras de Blanchot: "Que retumbe en el silencio lo que se escribe, para que retumbe largamente, antes de volver a la paz inmóvil, entre la que sigue velando el enigma" (1990, 50).

BIBLIOGRAFÍA

I. OBRAS PRIMARIAS

Eielson, Jorge Eduardo. *Noche oscura del cuerpo*. Lima: Jaime Campodónico Editor, 1989a.

——. *Poesía Escrita*. Lima: Instituto Nacional de Cultura, 1976.

——. *Poesía Escrita*. 2ª ed. corregida y aumentada. México: Editorial Vuelta, 1989b.

Orozco, Olga. *Con esta boca, en este mundo*. Buenos Aires: Sudamericana, 1994.

——. *En el revés del cielo*. Buenos Aires: Sudamericana, 1987.

——. *La noche a la deriva*. México: Fondo de Cultura Económica, 1983.

——. *Obra poética* [1979]. 2ª ed. Buenos Aires: Corregidor, 1985.

——. *Veintinueve poemas*. Caracas: Monte Ávila Editores, 1975.

Pizarnik, Alejandra. *Obras Completas. Poesías & Prosas*. Buenos Aires: Corregidor, 1990.

——. *Alejandra Pizarnik. Semblanza*. Frank Graziano, ed. México: Fondo de Cultura Económica, 1992.

Rojas, Gonzalo. *Antología de aire* [1991]. Hilda R. May, ed. 1ª reimp. México: Fondo de Cultura Económica, 1993.

——. *Del relámpago*. México: Fondo de Cultura Económica, 1984.

——. *Materia de testamento*. Madrid: Hiperión, 1988.

Sologuren, Javier. *Vida continua [Poesía 1939-1989]*. Lima: Colmillo Blanco, 1989.

————. *Un trino en la ventana vacía*. Madrid: Ediciones del Tapir, 1991.

Westphalen, Emilio Adolfo. *Bajo zarpas de la Quimera*. Madrid: Alianza Tres, 1991.

————. *Otra imagen deleznable...* México: Fondo de Cultura Económica, 1980.

II. OBRAS SECUNDARIAS

Adán, Martín. *Obra poética*. Ricardo Silva-Santisteban, ed. Lima: Ediciones Edubanco, 1980.

Alighieri, Dante. *La Divina Commedia*. Natalino Sapegno, ed. Milano: Riccardo Ricciardi Editore, 1957.

Anónimo. *Poema del Mío Cid*. Ian Michael, ed. 5ª ed. Madrid: Castalia, 1984.

Arenas, Reinaldo. *El mundo alucinante*. México: Editorial Diógenes, 1969.

Calderón de la Barca, Pedro. *Comedias de Don Pedro Calderón de la Barca*. Biblioteca de Autores Españoles. Juan Eugenio de Hartzenbusch, ed. Tomo IV. Madrid: Imprenta de los Sucesores de Hernando, 1923.

Cervantes, Miguel de. *Don Quijote de la Mancha*. Martín de Riquer, ed. 10ª ed. Barcelona: Editorial Juventud, 1985.

Cisneros, Antonio. *Por la noche los gatos. Poesía 1961-1986*. México: Fondo de Cultura Económica, 1989.

Cruz, San Juan de la. *Obra Completa*. Luce López-Baralt y Eulogio Pacho, eds. Madrid: Alianza Editorial, 1991.

Darío, Rubén. *Poesías*. Ernesto Mejía Sánchez, ed. 1ª reimp. México: Fondo de Cultura Económica, 1984.

Diego, Eliseo. *La sed de lo perdido*. Antonio Fernández Ferrer, ed. Madrid: Siruela, 1993.

Huidobro, Vicente. *Obras completas de Vicente Huidobro*. Tomo I. Braulio Arenas, ed. Santiago de Chile: Zig-Zag, 1964.

Jiménez, Juan Ramón. *Eternidades*. 2ª ed. Buenos Aires: Losada, 1957.

Juarroz, Roberto. *Novena Poesía Vertical. Décima Poesía Vertical*. Buenos Aires: Carlos Lohlé, 1986.

―――. *Poesía Vertical. Antología incompleta*. Louis Bourne, ed. Madrid: Editorial Playor, 1987.

―――. *Poesía Vertical 1958/1982*. Buenos Aires: Emecé, 1993.

―――. *Undécima Poesía Vertical*. Buenos Aires: Carlos Lohlé, 1988.

Lihn, Enrique. *Antología al azar*. Lima: Ruray Ediciones, 1981.

―――. *La musiquilla de las pobres esferas*. Santiago de Chile: Editorial Universitaria, 1969.

López Degregori, Carlos. *Lejos de todas partes*. Lima: Universidad de Lima, 1994.

López Velarde. *Obras*. José Luis Martínez, ed. 2ª ed. México: Fondo de Cultura Económica, 1990.

Manrique, Jorge. *Poesía*. Jesús Manuel Alda Tesán, ed. 8ª ed. Madrid: Cátedra, 1982.

Menchú, Rigoberta. *Me llamo Rigoberta Menchú y así me nació la conciencia*. 2ª ed. Barcelona: Seix Barral, 1994.

Pacheco, José Emilio. *Tarde o temprano*. México: Fondo de Cultura Económica, 1980.

Paz, Octavio. *Libertad bajo palabra (1935-1957)*. Enrico Mario Santí, ed. 2ª ed. Madrid: Cátedra, 1988.

―――. *Poemas (1935-1975)*. Barcelona: Barral, 1979.

Quevedo, Francisco de. *Obras completas. Obras en verso*. Felicidad Buendía, ed. Tomo II. Madrid: Aguilar, 1988.

Rimbaud, Arthur. *Œuvres complètes*. Antoine Adam, ed. Paris: Gallimard, 1972.

Salinas, Pedro. *Poesías completas*. Barcelona: Barral, 1971.

Vallejo, César. *Obras Completas. Poesía.* Ricardo González Vigil, ed. Lima: Banco de Crédito del Perú, 1991.

Varela, Blanca. *Canto Villano.* México: Fondo de Cultura Económica, 1987.

———. *El libro de barro.* Madrid: Ediciones del Tapir, 1993.

Vega, Lope de. *Lírica.* José Manuel Blecua, ed. Madrid: Clásicos Castalia, 1981.

III. ESTUDIOS CRÍTICOS

a. libros y artículos sobre el silencio

Adorno, Theodor W. *La crítica de la cultura y de la sociedad* [1955]. Trad. Manuel Sacristán. Barcelona: Ariel, 1962.

Alazraki, Jaime. "Para una poética del silencio". *Cuadernos Hispanoamericanos* 343-345 (1979): 157-184.

Amorós, Amparo. "La retórica del silencio". *Los Cuadernos del Norte* III, 16 (1982): 29-30.

Armantrout, Rae. "Poetic silence". Ed. Bob Perelman. *Writing/Talks.* Carbondale: Southern Illinois University Press, 1985. 31-47.

Audouard, Xavier. "El silencio: un 'más-de-palabra'". Trad. José Luis Etcheverry. J.D. Nasio, ed. *El silencio en psicoanálisis.* Buenos Aires: Amorrortu, 1988. 131-141.

Blanchot, Maurice. *La escritura del desastre* [1959]. Trad. Pierre de Place. Caracas: Monte Ávila Editores, 1990.

———. *El libro que vendrá* [1983]. Trad. Pierre de Place. 2ª ed. Caracas: Monte Ávila Editores, 1992.

Block de Behar, Lisa. *Una retórica del silencio: funciones del lector y procedimientos de lectura* [1984]. 2ª ed. México: Siglo Veintiuno Editores, 1994.

Castilla del Pino, Carlos. *El silencio.* 1ª reimp. Madrid: Alianza Universidad, 1992.

————. "El silencio en el proceso comunicacional". Carlos Castilla del Pino ed. *El silencio*. Madrid: Alianza Universidad, 1992. 79-97.

Eielson, Jorge Eduardo. "La pasión según Sologuren". *Lienzo* 9 (1989): 279-289.

————. "Ribeyro y Eielson conversan de literatura". *La Casa de Cartón* 6 (1995): 19-22.

Ferrari, Américo. *Los sonidos del silencio*. Lima: Mosca Azul, 1990.

Fliess, Robert. "Silencio y verbalización: suplemento a la teoría de la 'regla analítica' " [1949]. Trad. José Luis Etcheverry. J.D. Nasio, ed. *El silencio en psicoanálisis*. Buenos Aires: Amorrortu, 1988. 57-65.

Giordano, Enrique ed. *Poesía y poética de Gonzalo Rojas*. Santiago de Chile: Instituto profesional del Pacífico, 1987.

Gómez Paz, Julieta. *Cuatro actitudes poéticas. Alejandra Pizarnik. Olga Orozco. Amelia Biagioni. María Elena Walsh*. Buenos Aires: Conjunta editores, 1977.

Graziano, Frank. Introducción. *Semblanza*. De Alejandra Pizarnik. México: Fondo de Cultura Económica, 1992. 9-24.

Guillén, Jorge. *Lenguaje y poesía* [1962]. Madrid: Alianza Editorial, 1972.

Holguín, Andrés. *Las formas del silencio y otros ensayos*. Caracas: Monte Ávila Editores, 1969.

Hollander, John. "Breaking into Song: Some Notes on Refrain". Eds. Chaviva Hosek and Patricia Parker. *Lyric Poetry: New Criticism and Beyond*. Ithaca: Cornell University Press. 1985, 73-89.

Jarque, Fietta. "Emilio Adolfo Westphalen: 'El yo del poema no es nunca el yo del autor' ". *El País* [Madrid] 18 abr. 1981: Suplemento "La Cultura" 30.

Kern, Robert. "Silence in prosody: The Poem as Silent Form". *The Ohio Review* 26 (1981): 34-52.

Kostelanetz, Richard. *John Cage*. New York-Washington: Praeger Publisher, 1970.

Lefebvre, Alfredo. "'Al Silencio': análisis e interpretación". Enrique Giordano, ed. *Poesía y poética de Gonzalo Rojas*. Santiago de Chile: Instituto profesional del Pacífico, 1987. 17-21.

Ludmer, Josefina. "Las tretas del débil". Patricia Elena González y Eliana Ortega, eds. *La sartén por el mango. Encuentro de escritoras latinoamericanas*. San Juan: Ediciones Huracán, 1984. 47-54.

Mallarmé, Stéphane. *Correspondance, V. 1892*. Henri Mondor et Lloyd James Austin, eds. París: Gallimard, 1982.

May, Hilda R. *La poesía de Gonzalo Rojas*. Madrid: Hiperión, 1991.

Méndez Plancarte, Alfonso. Prólogo, edición y notas. *Obras completas de Sor Juana Inés de la Cruz*. Tomo III. México: Fondo de Cultura Económica, 1955.

Nasio, Juan David. *El silencio en psicoanálisis*. Trad. José Luis Etcheverry. Buenos Aires: Amorrortu, 1988.

Ortega, Julio. "Mapa y morada de Gonzalo Rojas". *La Gaceta del Fondo de Cultura Económica* 158 (1984): 15-17

Paoli, Roberto. *Estudios sobre literatura peruana contemporánea*. Firenze: Parenti, 1985.

Paz, Octavio. *Corriente alterna*. México: Siglo Veintiuno Editores, 1967.

――――. *El arco y la lira* [1956]. 5ª reimp. México: Fondo de Cultura Económica, 1979.

――――. *In/mediaciones* [1979]. Barcelona: Barral, 1990.

Pizarnik, Alejandra. "Antonin Artaud: el verbo encarnado". *La Gaceta del Fondo de Cultura Económica*, 260 (1992): 4-7.

Reik, Theodor. "En el principio es el silencio" [1926]. Trad. José Luis Etcheverry. Juan David Nasio, ed. *El silencio en psicoanálisis*. Buenos Aires: Amorrortu, 1988. 21-26.

Rojas, Nelson. *Estudios sobre la poesía de Gonzalo Rojas*. Madrid: Editorial Playor, 1984.

Ruchon, Françoise, ed. *L'Amitié de Stéphane Mallarmé et de Georges Rodenbach. Lettres et textes inédits 1887-1898.* Genève: Pierre Cailler Éditeur, 1949.

Sepúlveda-Pulvirenti, Emma. "El lector de poesía: función interpretativa de los espacios del silencio". *La Torre* 4, 14 (1990): 197-212.

Sologuren, Javier. *Gravitaciones y tangencias.* Lima: Editorial Colmillo Blanco, 1988.

———. "Los últimos poemas de e. a. westphalen". *Creación & Crítica*, 20 (1977): 30-31.

Steiner, George. *Lenguaje y silencio. Ensayos sobre la literatura, el lenguaje y lo inhumano* [1976]. Trad. Miguel Ultorio. Barcelona: Gedisa 1978.

Tumi, Francisco. "Sologuren continuo". *Sí* (1989): 56.

Urco, Jaime y Alfonso Cisneros Cox. "Jorge Eduardo Eielson: el creador como transgresor". *Lienzo* 8 (1988): 189-205.

Valverde, José María. Introducción. *T.S. Eliot. Poesías Reunidas 1909/ 1962.* De T.S. Eliot. Madrid: Alianza Tres, 1981. 11-24.

Verástegui, Enrique. "una flor en revuelta, cf. 'abolición de la muerte'". *Creación & Crítica*, 20 (1977): 49-59.

Westphalen, Emilio Adolfo. "Las lenguas y la poesía". *Debate* 28 (1984): 24-27.

———. "Un poema auténtico es imprevisible e irrepetible". *Debate* 45 (1987): 44-46.

Xirau, Ramón. *Palabra y silencio.* México: Siglo Veintiuno Editores, 1968.

Zambrano, María. *Claros del bosque* [1977]. 4ª ed. Barcelona: Seix Barral, 1993.

———. *Filosofía y poesía* [1939]. 2ª ed. México: Fondo de Cultura Económica, 1987.

b. Teoría general y obras de consulta

Asensi, Manuel ed. *Teoría literaria y deconstrucción.* Madrid: Arco/ Libros S.A., 1990.

Bajtín, Mijaíl. *Estética de la creación verbal* [1979]. Trad. Tatiana Bubnova. 6ª ed. México: Siglo Veintiuno Editores, 1985.

Bal, Mieke. *Teoría narrativa. (Una introducción a la narratología)* [1980].Trad. Javier Franco. Madrid: Cátedra, 1985.

Barthes, Roland. *Crítica y verdad* [1966]. Trad. José Bianco. 7ª ed. México: Siglo Veintiuno, 1985a.

――――. *Ensayos críticos* [1964]. Trad. Carlos Pujol. Barcelona: Barral, 1967.

――――. *El grado cero de la escritura y Nuevos ensayos críticos* [1972]. Trad. Nicolás Rosa. 13ª ed. México: Siglo Veintiuno Editores, 1993.

――――. *El placer del texto. Lección inaugural* [1973 y 1978]. Trads. Nicolás Rosa y Oscar Terán. 6ª ed. y 3ª ed. México: Siglo Veintiuno Editores, 1986.

――――. *Mitologías* [1957]. Trad. Héctor Schmucler. 5ª ed. México: Siglo Veintiuno Editores, 1985b.

――――. *S/Z* [1970]. Trad. Nicolás Rosa. 7ª ed. México: Siglo Veintiuno Editores, 1992.

Baudrillard, Jean. *Las estrategias fatales* [1983]. Trad. Joaquín Jordá. 2ª ed. Barcelona: Editorial Anagrama, 1985.

Bloom, Harold. *La angustia de las influencias* [1973]. Trad. Francisco Rivera. 2ª ed. Caracas: Monte Ávila, 1991.

Cirlot, Juan-Eduardo. *Diccionario de símbolos* [1962]. 6ª ed. Barcelona: Editorial Labor, 1985.

Corominas, Joan. *Breve diccionario etimológico de la lengua castellana* [1961]. 3ª ed. Madrid: Gredos, 1983.

Covarrubias Orozco, Sebastián de. *Tesoro de la lengua castellana o española* [1611]. Felipe Maldonado, ed. Madrid: Editorial Castalia, 1995.

Crosman, Robert. "Do Readers Make Meaning?". Suleiman, Susan & Inge Crosman, eds. *The Reader in the Text: Essays on Audience and Interpretation.* Princeton: Princeton University Press, 1980. (149-164).

Culler, Jonathan. *Sobre la deconstrucción. Teoría y crítica después del estructuralismo* [1982]. 2ª ed. Madrid: Cátedra, 1992.

————. *The Pursuit of Signs. Semiotics, Literature, Deconstruction.* [1981] 4th ed. Ithaca: Cornell University Press, 1993.

Curtius, Ernst Robert. *Literatura europea y edad media latina.* [1948]. Trads. Margit Frenk Alatorre y Antonio Alatorre. 1ª reimp. México: Fondo de Cultura Económica, 1975.

Dällenbach, Lucien. *The Mirror in the Text* [1977]. Trans. Jeremy Whiteley with Emma Hugues. Chicago: The University of Chicago Press, 1989.

Debicki, Andrew. *Poesía del conocimiento* [1982]. Trad. Alberto Cardin. Madrid: Júcar, 1987.

Derrida, Jacques. *La diseminación* [1972]. Trad. Martín Arancibia. Madrid: Editorial Fundamentos, 1975.

De Man, Paul. *Visión y ceguera. Ensayos sobre la retórica de la crítica contemporánea* [1971]. Trads. y eds. Hugo Rodríguez-Vechinni y Jacques Lezra. San Juan: Editorial de la Universidad de Puerto Rico, 1991.

Diccionario de la lengua española. 21ª ed. Madrid: Real Academia Española, 1994.

Dör, Joel. *Introducción a la lectura de Lacan. El inconsciente estructurado como un lenguaje* [1985]. Trad. Margarita Mizraji. Barcelona: Gedisa, 1994.

Drucot, Oswald. *Dire et ne pas dire. Principes de sémantique linguistique.* Paris: Hermann, 1972.

————. *El decir y lo dicho.* Trad. Sara Vassallo. Buenos Aires: Librería Hachette, 1984.

——— y Tzvetan Todorov. *Diccionario enciclopédico de las ciencias del lenguaje* [1972]. Trad. Enrique Pezzoni. 13ª ed. México: Siglo Veintiuno Editores, 1987.

Eagleton, Terry. *Una introducción a la crítica literaria* [1983]. Trad. José Esteban Calderón. México: Fondo de Cultura Económica, 1988.

Eco, Umberto. *Interpretación y sobreinterpretación* [1992]. Trad. Juan Gabriel López Guix. Cambridge: Cambridge University Press, 1995.

———. *La definición del arte* [1968]. Barcelona: Ediciones Martínez Roca S.A., 1990.

———. *Obra abierta* [1962]. Trad. Roser Berdagué. Barcelona: Editorial Planeta-De Agostini, 1992.

———. *The Limits of Interpretation*. Bloomington: Indiana University Press, 1994.

Fokkema, D.W. y Elrud Ibsch. *Teorías de la literatura del siglo XX. Estructuralismo, marxismo, estética de la recepción, semiótica*. Trad. Gustavo Domínguez. Madrid: Cátedra, 1981

Foucault, Michel. *Las palabras y las cosas: una arqueología de las ciencias humanas* [1966]. Trad. Elsa Cecilia Frost. 6ª ed. México: Siglo Veintiuno Editores, 1974.

———. "What Is an Author?" [1969]. Trans. Josué V. Harari. Robert Con Davis and Ronald Schleifer, eds. *Contemporary Literary Criticism*. New York & London: Longman, 1994. 342-353.

Friedrich, Hugo. *Estructura de la lírica moderna. De Baudelaire a nuestros días* [1956]. Trad. Joan Petit. Barcelona: Seix Barral, 1974.

Gadamer, Hans Georg. "Historia y efectos de aplicación". Trad. Ricardo Sánchez Ortiz de Urbina. Rainer Warning ed. *Estética de la recepción*. Madrid: Visor, 1989. 81-88.

Gasché, Rodolphe. "La deconstrucción como crítica" [1979]. Asensi, Manuel ed. *Teoría literaria y deconstrucción*. Madrid: Arco/Libros S.A, 1990. 253-305.

BIBLIOGRAFÍA 247

Gilman, Stephen. *La novela según Cervantes* [1989]. Trad. Carlos Ávila Flores. México: Fondo de Cultura Económica, 1993.

Grünfeld, Mihai G. *Antología de la poesía hispanoamericana de vanguardia (1916-1935)*. Madrid: Hiperión, 1995.

Irigaray, Luce. *Speculum. Espéculo de la otra mujer* [1974]. Trad. Baralides Alberdi Alonso. Madrid: Editorial Saltés, 1978.

Iser, Wolfgang. "La estructura apelativa de los textos" [1970]. Trad. Ricardo Sánchez Ortiz de Urbina. Rainer Warning ed. *Estética de la recepción*. Madrid: Visor, 1989. 133-148.

Kristeva, Julia. *La révolution du langage poétic*. Paris: Éditions du Seuil, 1974.

——. *Semiótica* [1969]. 2 vols. Trad. José Martín Arancibia. 2ª ed. Madrid: Editorial Fundamentos, 1981.

Lacan, Jacques. *Écrits. A Selection*. Trans. Alan Sheridan. New York-London: W.W. Norton & Company, 1977.

——. *Speech and Language in Psychoanalysis*. Trans. and ed. Anthony Wilden. Baltimore-London: John Hopkins University Press, 1984.

Laplanche, Jean y Jean-Bertrand Pontalis. *Diccionario de psicoanálisis* [1973].Trad. Fernando Gimeno Cervantes. Barcelona: Editorial Labor, 1993.

López-Baralt, Luce. *Huellas del Islam en la literatura española. De Juan Ruiz a Juan Goytisolo*. Madrid: Hiperión, 1985.

——. *San Juan de la Cruz y el Islam* [1985]. 2ª ed. Madrid: Hiperión, 1990.

López Estrada, Francisco. *Métrica española del siglo XX*. Madrid: Gredos, 1969.

Maravall, José Antonio. *La cultura del barroco* [1975]. 5ª ed. Barcelona: Ariel, 1990.

McLuhan, Marshall. *The Gutemberg Galaxy. The Making of Typographic Man*. Toronto: University of Toronto Press. 1966.

Momigliano, Arnaldo. *Alien Wisdom. The Limits of Hellenization*. Cambridge & New York: Cambridge University Press, 1975.

Muschg, Walter. *Historia trágica de la literatura* [1948]. Trad. Joaquín Gutiérrez Heras. México: Fondo de Cultura Económica, 1977.

Ong, Walter J. *Oralidad y escritura. Tecnologías de la palabra* [1982]. Trad. Angélica Scherp. México. Fondo de Cultura Económica, 1987.

Perloff, Marjorie. *The Poetics of Indeterminacy. Rimbaud to Cage* [1981]. 2ª ed. Evanston, Illinois: Northwestern University Press, 1993.

Prince, Gerald. "Notes on The Text as a Reader". Susan Suleiman & Inge Crosman Eds. *The Reader in the Text: Essays on Audience and Interpretation*. Princeton: Princeton University Press, 1980. 149-105.

Quilis, Antonio. *Métrica española* [1968]. 2ª ed. Barcelona: Ariel, 1985.

Reyes, Alfonso. *La experiencia literaria. Obras Completas de Alfonso Reyes* [1942]. Tomo XIV. México: Fondo de Cultura Económica, 1962.

Ricœur, Paul. *Teoría de la interpretación. Discurso y excedente de sentido* [1976]. Trad. Graciela Monges Nicolau. México: Siglo Veintiuno y Universidad Iberoamericana, 1995.

Riffaterre, Michael. *Ensayos de estilística estructural* [1971]. Trad. Pere Gimferrer. Barcelona: Seix Barral, 1976.

————. *Semiotics of Poetry*. Bloomington: Indiana University Press, 1978.

Rojas, Mario. "Tipología del discurso del personaje en el texto narrativo". *Dispositio* V-VI, 15 (1981): 19-55.

Rouche, Michel. "Sagrado y secretos". *Historia de la vida privada. La Alta Edad Media* [1985]. Tomo II. Philippe Ariès y George Duby, eds. Trad. Francisco Pérez Gutiérrez. 2ª reimp. Madrid: Taurus, 1992.

Sarduy, Severo. "El barroco y el neobarroco". *América Latina en su literatura*. Ed. Fernández Moreno, César. México: Siglo Veintiuno Editores, 1972, 167-184.

———. *Escrito sobre un cuerpo*. Buenos Aires: Editorial Sudamericana, 1969.

Schwartz, Jorge. *Las vanguardias latinoamericanas. Textos programáticos y críticos*. Madrid: Cátedra, 1991.

Selden, Raman. *La teoría literaria contemporánea* [1985]. Trad. Juan Gabriel López Guix. Barcelona: Ariel, 1987.

Sollers, Philippe. *La escritura y la experiencia de los límites* [1968]. Trad. Francisco Rivera. 2ª ed. Caracas: Monte Ávila Editores, 1992.

Sontag, Sontag. *Contra la interpretación* [1961]. Trad. Horacio Vásquez Rial. 8ª ed. Madrid: Alfaguara, 1996.

Sucre, Guillermo. *La máscara, la transparencia: Ensayos sobre poesía hispanoamericana* [1975]. 2ª ed. México: Fondo de Cultura Económica, 1985.

Suleiman, Susan e Inge Crosman, eds. *The Reader in the Text: Essays on Audience and Interpretation*. Princeton: Princeton University Press, 1980.

Ugalde, Sharon Keefe. *Conversaciones y poemas: La nueva poesía femenina española en castellano*. Madrid: Siglo Veintiuno Editores, 1991.

Verani, Hugo J. *Las vanguardias literarias en Hispanoamérica. (Manifiestos, proclamas y otros escritos)* [1986]. 2ª ed. México: Fondo de Cultura Económica, 1990.

Warning, Rainer, ed. *Estética de la recepción* [1975]. Trad. Ricardo Sánchez Ortiz de Urbina. Madrid: Visor, 1989.

———. "La estética de la recepción en cuanto pragmática en las ciencias de la literatura". Trad. Ricardo Sánchez Ortiz de Urbina. Rainer Warning ed. *Estética de la recepción*. Madrid: Visor, 1989. 13-32.

Waugh, Patricia. *Metafiction: The Theory and Practice of Self-Conscious Fiction*. New York: Methuen, 1984.

Wertheimer, Max. "Gestalt Theory". Trans and Ed. Willis D. Ellis. *A Source Book of Gestalt*. London: Routledge & Kegan Paul Ltd, 1969. 1-11.

Wittgenstein, Ludwig. *Tractatus Logico-Philosophicus* [1921]. Trans. Bertrand Russell. London: Routeledge & Kegan Paul Ltd., 1951.

Žižek, Slavoj. *El sublime objeto de la ideología* [1989]. Trad. Isabel Vericat Núñez. México: Siglo Veintiuno, 1992.

ÍNDICE DE AUTORES

ABRIL, Xavier,   20, 99
ADÁN, MARTÍN [Rafael de la Fuente Benavides],   20, 29-30,
    31, 44-46, 51
ADORNO, Theodor W,   216
ALAZRAKI, Jaime,   157
ALTHUSSER, Louis,   158
AMBROSIO, San,   135
AMORÓS, Amparo,   26, 32, 46-52, 101, 120, 219
APOLLINAIRE, Guillaume,   141
ARCIPRESTE DE HITA [Juan Ruiz],   116
ARENAS, Braulio,   20
ARENAS, Reinaldo,   196-197
ARMANTROUT, Rae,   26, 32, 33-37, 46, 50, 101, 120, 170
ARTAUD, Antonin,   114
ASENSI, Manuel,   63n
AUDOUARD, Xavier,   90n
AUSTIN, J.L.,   16

BAJTÍN, Mijaíl,   44
BAL, Mieke,   27n
BARTHES, Roland,   18, 35, 55-57, 84, 88, 140, 210, 220, 232,
    234
BAUDELAIRE, Charles,   84
BAUDRILLARD, Jean,   82
BÉCQUER, Gustavo Adolfo,   146

BENITO DE NURSIA, San,   41, 132, 134
BERGSON, Henri,   135
BEYNETO, Antonio,   81n
BLANCHOT, Maurice,   9, 18, 28, 54, 73, 174, 235
BLOCK DE BEHAR, Lisa,   26, 32, 39-42, 46, 215
BLOOM, Harold,   68
BOOTH, Wayne,   27n, 35
BORGES, Jorge Luis,   41, 88, 99, 116
BRETON, André,   19n, 90

CAGE, John,   65, 127, 145, 231
CALDERÓN DE LA BARCA, Pedro,   15, 16, 17n
CARLYLE, Thomas,   29
CASTILLA DEL PINO, Carlos,   190n
CELAN, Paul [Paul Antschel],   216
CERVANTES, Miguel de,   62, 63, 150
CHARLES, Michel,   39
CID, Teófilo,   20
CIRLOT, Juan-Eduardo,   107-108, 157n
CISNEROS COX, Alfonso,   212n
CISNEROS, Antonio,   92
Cixous, Helene,   18
CONRAD, Joseph,   112
COROMINAS, Joan,   229
COVARRUBIAS, Sebastián de,   16n, 185
CROSMAN, Robert,   35
CULLER, Jonathan,   28, 62, 63n, 100-102, 105-107, 128
CUMMINGS, e.e.,   139-140
CURTIUS, Ernst,   53n, 68, 72-73, 133-134, 135n, 142, 231

DÄLLENBACH, Lucien,   74
DANTE ALIGHIERI,   73, 116, 157, 231

DARÍO, RUBÉN [Félix Rubén García Sarmiento], 104-105, 149, 168-169, 195n, 231
DAUDET, Alphonse, 135n
DE MAN, Paul, 56, 63
DEBICKI, Andrew, 121
DERRIDA, Jacques, 27n, 57, 63n, 117
DÍEZ-CANEDO, Enrique, 195n
DIEGO, Eliseo, 173
DÖR, Joel, 83n
DRUCOT, Oswald, 26n, 105n
DUNSANY, Lord [E. J. Moreton Drax Plunkett], 112

EAGLETON, Terry, 57, 63, 195
ECO, Umberto, 33, 35n, 36n, 105n, 155
EIELSON, Jorge Eduardo, 18, 23-24, 48n, 75, 76n, 83, 87, 93, 102-103, 105, 107, 118, 126, 131, 139-141, 149, 154, 165-166, 191, 199-200n, 204-205, 209-212n, 230, 231, 233
ELIOT, Thomas Stearns, 164
ÉLUARD, Paul, 94-96

FERNÁNDEZ DE ACEVEDO, Antonio, 15
FERRARI, Américo, 118n, 148
FLAUBERT, Gustave, 215
FLIESS, Robert, 31, 32, 152-153
FOKKEMA, D.W., 35n
FOUCAULT, Michel, 18, 30-31, 35, 53, 84, 144, 231
FREEMAN SHARPE, Ella, 152-153
FREUD, Sigmund, 18, 87, 90
FRIEDRICH, Hugo, 19

GADAMER, Hans Georg, 35n
GASCHÉ, Rudolphe, 63n

GAUTIER, Théophile, 116
GENETTE, Gérard, 39, 40, 215
GIDE, André, 74n
GILMAN, Stephen, 134-135
GOETHE, Johann Wolfgang, 216
GÓMEZ PAZ, Julieta, 190, 191
GRAZIANO, Frank, 25n
GRÜNFELD, Mihai G., 19n
GUILLÉN, Jorge, 160-161

HARTMAN, Geoffrey, 63n
HEJINIAN, Lyn, 33
HERDER, Johann Gottfried von, 162
HIERRO, José, 149
HIRSCH, E.D., 35
HÖLDERLIN, Friedrich, 88, 91, 98, 114, 216, 231
HOLGUÍN, Andrés, 136
HOLLANDER, John, 27, 97
HOMERO, 17n, 41, 116
HUIDOBRO, Vicente, 15, 19n, 28, 29, 98, 166, 202, 208

IRIGARAY, Luce, 18, 44
ISER, Wolfgang, 35n, 36n

JARQUE, Fietta, 30
JAUSS, Hans Robert, 35n
JEAN PAUL [Johann Paul Friedrich Richter], 134n
JIMÉNEZ, Juan Ramón, 142, 149, 207
JOYCE, James, 133n
JUAN, San, 29, 75
JUAN DE LA CRUZ, San, 125-126, 155, 158-161n, 231

JUANA INÉS DE LA CRUZ, Sor, 156, 188
JUARROZ, Roberto, 79, 88, 99, 198, 226

KAFKA, Franz, 173
KERN, Robert, 48, 64
KLEIST, Heinrich von, 216
KOJÈVE, Alexandre, 171n
KOSTELANETZ, Richard, 65
KRISTEVA, Julia, 18, 28, 100, 158

LACAN, Jacques, 18, 28, 82-83, 84, 171, 226
LAPLANCHE, Jean, 83n, 90n
LAUTRÉAMONT, Conde de [Isidore Ducasse], 98, 114
LEFEBVRE, Alfredo, 71
LIHN, Enrique, 96, 97-98
LÓPEZ DEGREGORI, Carlos, 192, 200
LÓPEZ ESTRADA, Francisco, 149
LÓPEZ VELARDE, Ramón, 194-196, 205
LÓPEZ-BARALT, Luce, 160-161
LUDMER, Josefina, 188
LUIS DE LEÓN, Fray, 55, 149

MALEVITCH, Kazimir, 126, 131, 231
MALLARMÉ, Stéphane, 52, 55, 99, 117, 127, 135n, 137, 215, 220, 234
MANN, Thomas, 185n
MANRIQUE, Jorge, 116, 123-126
MARAVALL, José Antonio, 182-183, 186
MAY, Hilda R., 90
McHALE, Brian, 168n
McLUHAN, Marshall, 133
MELVILLE, Herman, 110

MENCHÚ, Rigoberta, 189
MÉNDEZ PLANCARTE, Alfonso, 156-157, 162
MOIA, Martha, 81n, 190
MOMIGLIANO, Arnaldo, 156
MORO, César [Alfredo Quíspez Asín], 19n, 20
MUSCHG, Walter, 20, 67, 134n, 156, 201, 215

NASIO, Juan David, 152n-153n, 184n, 218
NERUDA, Pablo, 20, 94, 95, 96
NERVAL, Gérard de, 114, 162

ONG, Walter J., 40, 139
OQUENDO DE AMAT, Carlos, 20
OROZCO, Olga, 18, 21-22, 61, 71, 73, 75, 77, 85-86, 106,
    110-115, 116, 118, 166, 186, 220, 229, 230, 231, 232, 233
ORTEGA, Julio, 151

PABLO, San, 184
PACHECO, José Emilio, 48n, 96-98, 202
PAOLI, Roberto, 22, 120, 138
PARRA, Nicanor, 96
PAVESE, Cesare, 216
PAZ, Octavio, 18, 23, 53, 68, 70, 78-79, 143, 145, 157-158,
    208, 211, 221, 223, 231
PÉREZ, Floridor, 163
PERLOFF, Marjorie, 36n
PIZARNIK, Alejandra, 18, 24-25, 43, 50, 61, 80-83, 91,
    104-105, 114-115, 119-120, 139, 145, 162, 170-171, 187,
    188, 189-192, 208, 213-215, 222, 225, 230, 232, 233
PLATÓN, 135
PONTALIS, Jean-Bertrand, 83n, 90n
PRINCE, Gerald, 27, 34, 132, 233

QUEVEDO, Francisco de, 183-185, 225
QUILIS, Antonio, 137-138, 148-149

REIK, Theodor, 29, 118
REYES, Alfonso, 166, 195n-196n
RIBEYRO, Julio Ramón, 140n
RICŒUR, Paul, 41, 135
RIFFATERRE, Michael, 35-36, 116
RIMBAUD, Arthur, 19, 52, 84, 88, 98, 114, 174n, 191, 215, 216, 231, 234
RIVERA, Diego, 19n
RODENBACH, Georges, 135n
ROJAS, Gonzalo, 18, 20-21, 37, 70-71, 76, 77, 88-91, 101, 105-106, 116, 118, 123, 139n, 151, 158, 161-162, 165, 167, 170, 181, 185, 202, 230, 231, 233
ROJAS, Mario, 168n
ROJAS, Nelson, 162-163
ROUCHE, Michel, 41, 132-133, 142
ROUSSEAU, J.J., 135
RUCHON, Françoise, 136n
RUSSELL, Bertrand, 18, 65

SALINAS, Pedro, 207
SARDUY, Severo, 102, 166, 182, 206, 228
SAUSSURE, Ferdinand de, 57
SCHWARTZ, Jorge, 19n
SELDEN, Raman, 182n-183n
SEPÚLVEDA-PULVIRENTI, Emma, 42-44
SHAKESPEARE, William, 116, 183, 216
SIMIC, Charles, 64
SOLLERS, Philippe, 27n, 157, 162
SOLOGUREN, Javier, 9, 18, 22-23, 26, 44, 50-52, 54, 65,

69-70, 74, 77, 93, 120-122, 131, 139, 143-145, 165, 169,
    200n, 216, 218n, 230, 231, 233
Sontag, Sontag,   234
Steiner, George,   18, 55-57, 68-69, 75, 173, 185n, 221, 224,
    232
Stendhal [Henri Beyle],   167
Sucre, Guillermo,   21, 25n, 29, 54, 97
Suleiman, Susan,   27n

Trakl, George,   216
Trotsky, León,   19n
Tumi, Francisco,   78

Ugalde, Sharon Keefe,   219n
Ungaretti, Giuseppe,   52
Urco, Jaime,   212n

Valente, José Ángel,   121-122
Vallejo, César,   19n, 66-67, 142n, 153-155, 161, 166
Valverde, José María,   164
Varela, Blanca,   91, 96, 131, 145, 148, 161
Vega, Lope de,   203, 205
Verani, Hugo,   19n
Verástegui, Enrique,   118
Vocidka, Félix,   35n

Warning, Rainer,   35n
Waugh, Patricia,   28, 62, 63n
Wertheimer, Max,   183n
Westphalen, Emilio Adolfo,   18, 19-20, 27n, 49-50, 64, 66,
    86, 88, 102-104, 117-119, 138, 139n, 158-161, 172, 181,
    222-223, 226-227, 230, 231, 233, 235

WILDEN, Anthony, 171n
WILLIAMS, William Carlos, 34, 36
WITTGENSTEIN, Ludwig, 18, 65

XIRAU, Ramón, 18, 198

ZAMBRANO, María, 90, 119, 197
ŽIŽEK, Slavoj, 109

LA MORADA DEL SILENCIO,
de Eduardo Chirinos,
se terminó de imprimir en mayo de 1998
en los talleres de Servicio Copias Gráficas S.A.
(RUC: 10069912), Jorge Chávez 1059
Telefax: 424-9693
Lima 5, Perú
Tiraje, 1,000 ejemplares